AF483070

A.B.C. DE LA T.S.F.

Collection de Monographies à la portée de tout le monde

Publication dirigée par
M. G. LARDRY

LES COLLECTEURS D'ONDES

LES ANTENNES D'ÉMISSION ET DE RÉCEPTION

Comment Installer une Antenne

Le cadre — Théorie et pratique

Son montage et emploi

Les Circuits d'Accord

Le T. P. T. - Sélecteur

Le Circuit-Filtreur

E. CHIRON
Éditeur
40, Rue de Seine
PARIS

N° 3

4 fr. 50

4

LES COLLECTEURS D'ONDES

I. - LES ANTENNES

L'antenne émet et reçoit les émissions radiotélégraphiques ou radiotéléphoniques par suite des vibrations, il convient donc avant tout d'examiner ce phénomène.

1. — Vibration d'un tube.

Pendons un long tube de caoutchouc à un point élevé fixé à une dizaine de mètres : au repos le tube est rectiligne et vertical. Tenons à la main l'extrémité inférieure à laquelle nous com-

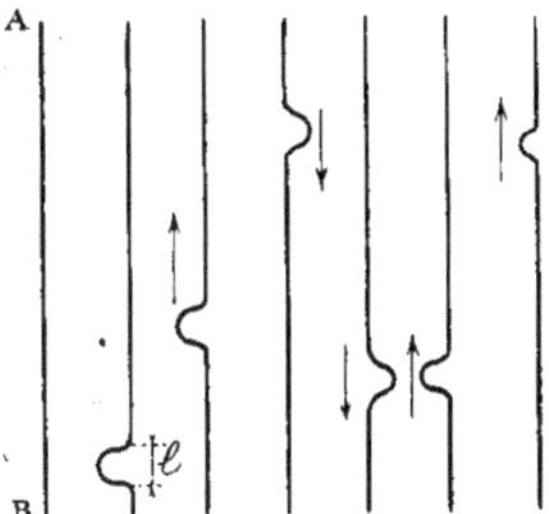

FIG. 1. — La déformation ou *onde* n'intéresse qu'une longueur petite vis-à-vis de la longueur du tube. Elle monte, se réfléchit, redescend, remonte, etc...

muniquons un brusque déplacement latéral avec retour immédiat au point de départ (Fig. 1). Le tube se déforme, mais la déformation ou *onde* n'intéresse qu'une longueur *l* assez petite vis-à-vis de la longueur totale, par exemple de 50 centimètres. L'onde ainsi produite court tout le long du tube en conservant sa longueur *l* et sa forme. La figure montre les positions

successivement occupées par la déformation le long du tube. Arrivée à l'extrémité fixe A, l'onde se réfléchit comme une balle de caoutchouc sur un mur, et redescend en conservant toujours sa longueur et sa forme. Elle rencontre la main tenue fermement, se réfléchit dessus et remonte. On peut ainsi voir l'onde monter et descendre un très grand nombre de fois; mais à chaque réflexion son amplitude diminue et finit par ne plus être appréciable; *l'onde s'éteint par amortissement.*

Au lieu d'un seul choc, communiquons au tube un mouvement alternatif très régulier de B' en B'' (Fig. 2). A chaque mouvement de la main, une onde prend naissance, court, se réfléchit, revient, etc. Mais nous produisons de ces ondes sans interruption, si bien qu'une onde montante rencontre à chaque instant une onde descendante. Toutes ces ondes se superposent et provoquent un très beau mouvement du tube.

On le voit en effet vibrer en certains points et rester absolument fixe en d'autres. Les mouvements sont trop rapides pour que l'œil puisse les suivre, le tube paraît partout à la fois et se présente sous l'aspect de fuseaux très flous et séparés par des régions très nettes où rien ne bouge.

Les points de mouvement maximum s'appellent des *ventres de mouvement* et ceux où le mouvement est nul, *nœuds de mouvement.* La distance

entre un ventre et un nœud consécutif est partout la même.

Parce que le tube semble parfaitement immobile bien qu'il vibre, la distribution du mouvement a reçu le nom *d'ondes stationnaires.* La longueur d'onde est celle de deux fuseaux consécutifs; la distance d'un ventre à un nœud est alors d'un quart de longueur d'onde.

Avec un peu de patience, on peut déterminer la vitesse de la main pour

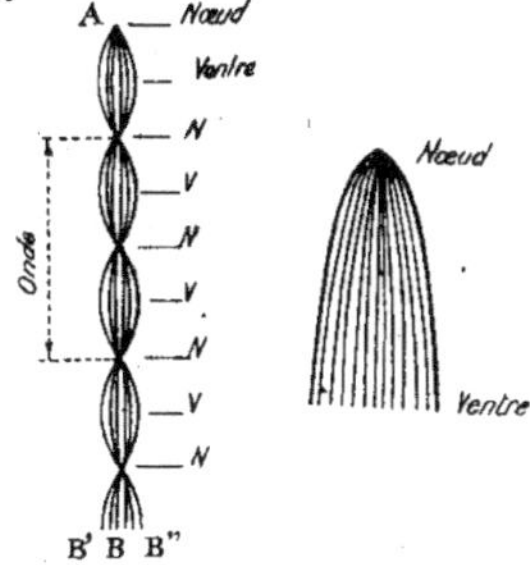

FIG. 2. — Une oscillation entretenue provoque des ondes stationnaires. Aux nœuds le mouvement est nul, aux ventres il a la plus grande amplitude.

FIG. 3. — Un tube de caoutchouc fixé à une extrémité seulement peut vibrer en quart d'onde.

que le tube ne présente qu'un seul ventre à sa base et un seul nœud à son sommet (Fig. 3). Sur toute la longueur du tube, il n'y a que le quart d'une onde stationnaire; on dit que le tube *vibre en quart d'onde.*

2 — *Vibration des cordes.*

Une corde d'acier fortement tendue entre ses deux extrémités est rectiligne. Tirons-la légèrement par son milieu; elle se déforme car son élasticité lui permet de s'allonger.

Abandonnée, elle reprend sa position d'équilibre après une série d'oscillations trop rapides pour que l'œil puisse les suivre. La corde apparaît alors sous la forme d'un magnifique fuseau (Fig. 4) : c'est un bel exemple d'onde stationnaire. Il y a un nœud à

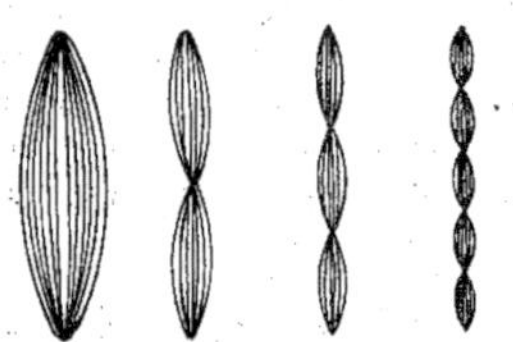

Fig. 4. — Une corde d'acier, fixée à ses deux extrémités, peut vibrer en demi-onde, en onde entière, en onde et demie, etc... Elle oscille en onde fondamentale ou bien donne les harmoniques successifs de cette onde fondamentale.

chaque extrémité, puisque la corde y est fixée et un ventre au milieu.

Une demi-onde seulement trouve place sur cette corde qui, en vibrant, rend un son que l'on appelle le *son fondamental* de la corde (le plus grave qu'elle puisse donner), ce sera par exemple le *do* d'une gamme quelconque que pour plus de commodité nous appellerons gamme 1 (en comptant sur le piano les gammes de gauche à droite).

Pendant que la corde vibre, arrêtons-la en son milieu; elle continue à vibrer de part et d'autre de ce point et prend la forme de deux fuseaux bout à bout. L'onde stationnaire est donc juste comprise dans la longueur de la corde, mais à elle seule occupe la même longueur que la demi-onde précédente; tous les points de la corde vibrent donc deux fois plus vite.

En effet, la note rendue est à l'octave supérieure de la première, c'est le *do* de la gamme 2 dont le nombre de vibrations à la seconde est le double du do_1. On dit que la corde *rend l'harmonique 2 du son fondamental.*

Pincée au tiers de sa longueur, la corde présente trois fuseaux, elle vibre en onde et demie, chacun de ses points battant trois fois plus vite que dans le premier cas. Le son rendu est le sol_1 dont la fréquence de vibrations est trois fois plus élevée que celle du do_1. La corde dans ces conditions, *rend l'harmonique 3.*

On peut ainsi faire rendre à la corde des harmoniques 4, 5, 5. Les sons deviennent de plus en plus aigüs.

Jusqu'ici nous avions affaire à une corde fixée en deux points très solides, par exemple entre deux murs, mais qu'arrive-t-il lorsque les points d'appui entrent eux-mêmes en vibration comme c'est le cas pour les cordes de violon ou de piano ?

L'expérience montre qu'alors la forme de la corde vibrante est très complexe et une oreille exercée reconnaît que dans le son émis se trouve la note fondamentale, l'octave la quinte de l'octave, etc.; c'est-à-dire que si la corde rend le do_1 comme son fondamental, elle donne aussi le do_2, le sol_2. La corde d'un instrument de musique fournit donc en plus du son fondamental qui prédomine et caractérise la *note*, un certain nombre d'harmoniques. C'est à la surperposition d'harmoniques en plus ou moins grand nombre qu'est dû le timbre, particularité des instruments de musique donnant la même note mais produisant des impressions différentes.

Il en résulte que les phénomènes de résonance sont moins nets avec une corde violon qu'avec une corde tendue sur des appuis solides. Si la corde qui vibre sur un violon est un do_1, les

do_2, sol_4... des instruments voisins vibrent également. Inversement un sol_2 excitera par résonance des do_1 et do_2.

3. — *Vibration des antennes.*

On appelle antenne un fil conducteur, vertical (1) isolé à sa partie supérieure et enterré dans le sol à sa partie inférieure. Au repos, l'antenne est en équilibre électrique, c'est-à-dire que le potentiel est le même en tous ses points et qu'elle n'est le siège d'aucun courant (Fig. 5).

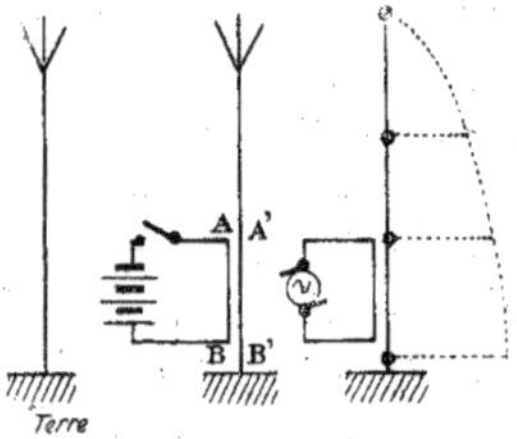

Fig. 5. — Recevant un choc électrique, l'antenne vibre en quart d'onde.

Ouvrons brusquement l'interrupteur commandant le passage du courant de quelques piles dans un fil court AB à proximité de l'antenne. Une force électromotrice d'induction, de très courte durée, prend naissance dans l'antenne et se traduit par une différence de potentiel entre les deux points A' et B', tous les autres points restant au potentiel initial; c'est une déformation électrique analogue à la déformation du tube de caoutchouc considéré (Fig. 1). De même que la

---

(1) Ceux qui ayant toujours vu les antennes *horizontales* seront quelque peu choqués par cette définition théorique, apprendront plus loin que la partie horizontale de l'antenne ne sert qu'à augmenter la capacité terminale et il n'y a que la partie verticale qui est directement influencée par les ondes électromagnétiques.

déformation élastique parcourt le tube, se réfléchit au sommet, redescend. remonte, etc., la déformation électrique parcourt l'antenne, se réfléchit à son extrémité, redescend, etc... Seulement dans le cas du tube la déformation est visible. dans l'antenne il faut des instruments spéciaux pour la constater. Le long du tube elle se propage à la vitesse de quelques mètres à la seconde, le long de l'antenne elle progrsse à la vitesse de 300.000 kilomètres à la seconde.

Remplaçons les piles et l'interrupteur par un générateur de courant alternatif. L'antenne reçoit une série de chocs électriques comme en reçoit un tube que la main anime d'un mouvement alternatif. Tous ces chocs produisent des déformations qui montant et descendant constamment, se superposent et en choisissant convenablement la fréquence du courant alternatif qui les engendre on arrive à obtenir une vibration électrique extrêmement puissante dans l'antenne.

En plaçant des ampèremètres tout le long de l'antenne, de mètre en mètre par exemple, on constate qu'ils dévient constamment, mais que leurs indications sont de plus en plus faibles de la base au sommet.

L'antenne est donc le siège d'une onde stationnaire. L'intensité est maximum à la base : là est un ventre d'intensité. Elle est nulle au sommet où se trouve un nœud d'intensité. Nous dirons alors que l'antenne *vibre en quart d'onde* tout comme le tube de caoutchouc.

Pour rendre l'analogie plus complète, portons à partir de chaque ampèremètre des droites perpendiculaires à l'antenne et dont les longueurs sont proportionnelles aux intensités. Par exemple. l'ampèremètre de base indiquant un ampère la droite correspondante a 1 centimètre. Le troisième ampèremètre marquant 1/2 ampère la droite aura 1/2 centimètre, etc. En joignant les extrémités de ces droites nous obtenons une ligne qui indique comment varie l'intensité le long de l'antenne.

Nous avons vu (Fig. 1) que pendant sa vibration, une antenne rayonne une onde; dire qu'elle vibre en quart d'onde signifie qu'elle donne naissance à une onde dont la longueur est quatre fois celle de l'antenne. Une antenne de 100 mètres de long a donc une longueur d'onde propre de 400 mètres.

L'antenne à l'émission

Bien que l'émission en T. S. F. soit réservée à un petit nombre d'Amateurs, je vais cependant en dire quelques mots ne serait-ce que pour

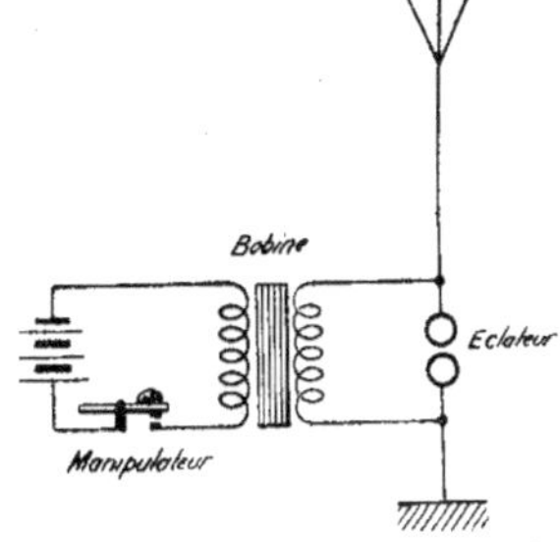

FIG. 6. — Premier mode d'excitation de l'antenne : l'*excitation directe.* L'antenne est coupée par l'éclateur. Onde très amortie.

montrer pourquoi certains modes d'émission, tels ceux par étincelles et par arc, sont extrêmement gênants.

Une antenne ayant self-induction et capacité constitue un circuit oscillant et il suffit d'un choc électrique pour qu'elle soit le siège d'oscillations de haute fréquence.

Excitation d'une antenne.

Marconi obtint ce résultat dans ses premiers essais en traitant l'antenne comme un grand oscillateur de Hertz, c'est-à-dire en la coupant à sa base par un éclateur (Fig. 6) dont les boules sont connectées aux bornes du secondaire d'une bobine de Rumkorff.

A chaque fois que fonctionne le trembleur de la bobine, une étincelle éclate dans l'antenne qui vibre en rayonnant une onde, et au poste récepteur on entend un toc dans l'écouteur. Comme le tremblement bat 40 ou 50 fois en une seconde le récepteur fait entendre un roulement sonore mais peu agréable. Tous les soirs en écoutant les concerts sur ondes de 300 à 600 mètres, on peut saisir de temps en temps des bateaux émettant avec cette note ronflée caractéristique.

L'interruption du courant d'alimentation par un manipulateur sur lequel on appuie plus ou moins longtemps, selon une cadence déterminée, permet la transmission des messages tout comme en télégraphie avec fil.

La présence de l'éclateur dans l'antenne en augmente considérablement la résistance donc l'amortissement. L'excitation directe d'une antenne engendre une onde extrêmement amortie pour laquelle les phénomènes de résonance sont très flous et, quelle que soit la complexité des récepteurs, il est impossible d'éliminer une telle onde.

Excitation indirecte.

On a diminué d'une façon appréciable l'amortissement de l'antenne en supprimant l'éclateur et en excitant indirectement.

A cet effet, un circuit oscillant comportant un éclateur est branché sur la bobine à haute tension. La self I de ce circuit est à proximité d'une bobine II intercalée dans l'antenne. Toute variation de courant dans I induit une force électromotrice dans II.

Le courant dans I étant alternatif, à haute fréquence, l'antenne est parcourue par un courant alternatif à la même fréquence : elle vibre. Pour que le maximum d'énergie soit transmis de I à II, l'antenne doit être mise en résonance sur le circuit oscillant.

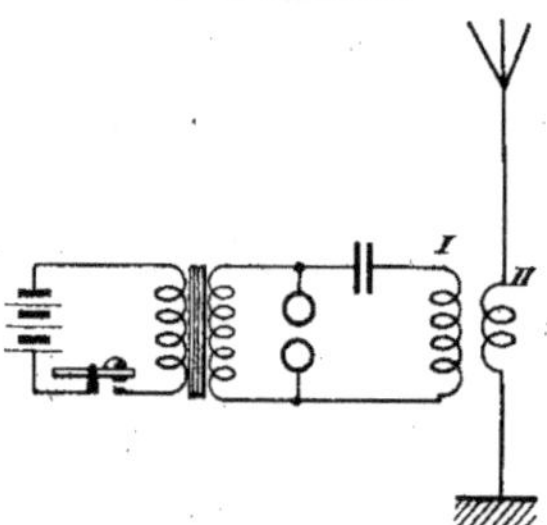

Fig. 7. — Deuxième mode d'excitation de l'antenne : l'*excitation indirecte*. L'éclateur n'étant plus dans l'antenne, l'onde est moins amortie.

L'éloignement des circuits I et II diminue beaucoup l'amortissement de l'antenne, mais aussi l'énergie rayonnée. Pour avoir un rendement acceptable, il faut coupler assez serrés l'antenne et son circuit oscillant, si bien que pratiquement l'amortissement est presque aussi grand que dans le cas de l'excitation directe.

Ce couplage des circuits, qui rappelle un ancien mode d'induction dû au physicien américain *Tesla* prend souvent le nom de *couplage en Tesla*. On lui substitue quelquefois une liaison indiquée par le médecin français *Oudin* et que pour cette raison on appelle *couplage en Oudin*.

Dans ce cas l'antenne et le circuit oscillant ont quelques spires communes (Fig. 8). Le couplage étant très serré les oscillations sont très énergiques dans l'antenne, mais l'amortissement est fort et les postes qui utilisent ce mode de couplage sont très gênants.

L'émission produite par bobine de

Rumkorff est ronflée et difficile à lire au milieu des parasites. D'autre part la puissance est toujours faible ainsi que la portée. Dans les grandes stations, on a été conduit à remplacer la bobine par des transformateurs alimentés par de puissants alternateurs.

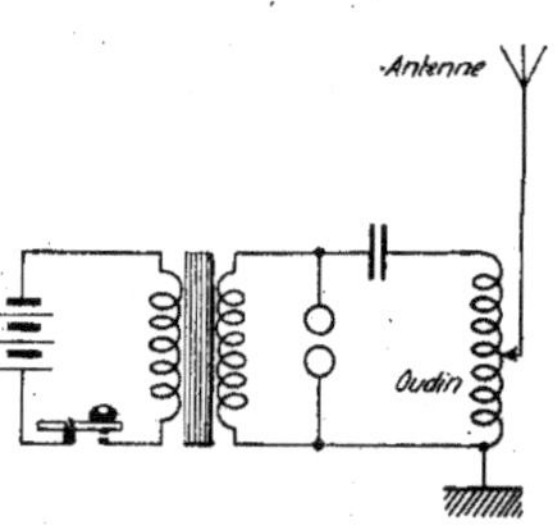

Fig. 8. — Les circuits peuvent être simplifiés, il suffit de leur donner une portion commune.

La fréquence des alternateurs, comprise entre 200 et 1.000 périodes à la seconde engendre autant d'étincelles et à la réception on obtient au lieu d'une note ronflée, une belle note musicale. Ainsi travaillaient les puissantes stations qui pendant la guerre répandaient les nouvelles : Tour Eiffel, Lyon, Nantes, Nauen. Heureusement que presque toutes les émissions de ces postes ont cessé, car toute réception de téléphonie dans un assez vaste rayon autour des émetteurs serait impossible.

Emission par arc.

Si l'étincelle était restée le seul procédé d'émission, la T.S.F. n'aurait encore aucune application commerciale. L'emploi des ondes entretenues a permis heureusement de supprimer tout amortissement et de multiplier les stations d'émission sans qu'elles se gênent mutuellement.

L'arc électrique est connu depuis longtemps. Lorsqu'on met en contact

deux conducteurs reliés d'autre part aux bornes d'un générateur à courant continu sous une cinquantaine de volts, on fait un court-circuit. En écartant les conducteurs à quelques millimètres l'un de l'autre, on constate que le courant continue à passer

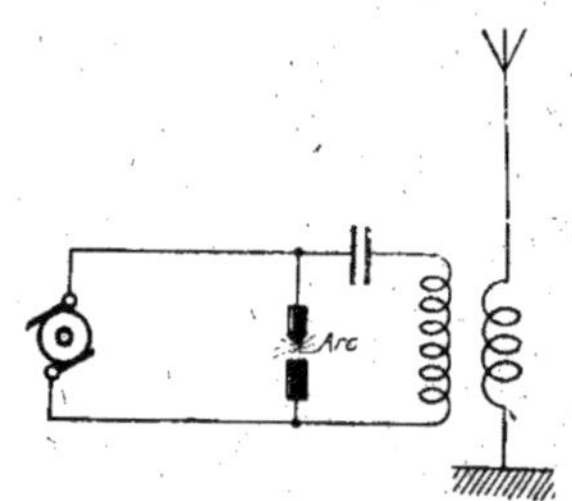

Fig. 9. — L'arc électrique engendre une onde entretenue, c'est-à-dire sans amortissement.

sous forme d'une flamme éblouissante. C'est qu'en effet, l'énorme chaleur dégagée par l'intense courant de court-circuit a porté à l'incandescence les métaux et rendu l'air conducteur. Lorsque les conducteurs sont horizontaux dans l'air, la flamme est courbée en arc d'où le nom *d'arc électrique*.

L'intensité lumineuse de l'arc électrique est très puissante : quelques milliers de bougies. On l'utilise pour l'éclairage de grands espaces, pour les projections photographiques et cinématographiques, pour l'éclairage des phares, des projecteurs, etc.

La température de l'arc électrique est d'environ 4000° ; aussi a-t-on réalisé des fours électriques pour la métallurgie de l'acier de l'aluminium, etc.

Mais l'arc électrique a, en plus une propriété extrêmement curieuse découverte par Simon et adaptée à la T.S.F. par le Danois Poulsen :

Un arc alimenté par une dynamo fait partie d'un circuit oscillant comportant par suite une self et un condensateur (Fig. 9). On allume l'arc en mettant ses crayons en court-circuit pendant un temps très court et on constate que tant que l'arc est alimenté, le circuit oscillant est le siège d'un courant alternatif à haute fréquence et rigoureusement entretenu.

Nous avons une analogie mécanique de ce phénomène dans les horloges où le mouvement périodique est celui du pendule. Ecarté de sa position d'équilibre, le pendule oscille mais son amplitude diminue progressivement car les frottements l'amortissent. Le poids, ou le ressort, par l'intermédiaire de l'échappement, donne à chaque oscillation un choc qui restitue au pendule l'énergie absorbée par les frottements. Le mouvement est alors rigoureusement entretenu tant qu'agit le poids. Ici, l'amortissement

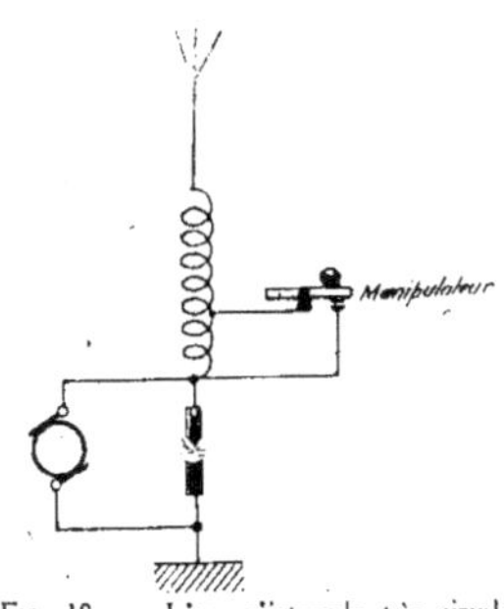

Fig. 10. — L'arc s'intercale très simplement dans l'antenne.

du circuit oscillant, analogue du pendule, est dû aux frottements de l'électricité dans les conducteurs.

La dynamo est la source auxiliaire, ou le poids, qui restitue au circuit oscillant l'énergie qu'il perd à chaque oscillation. L'arc est l'échappement qui fait agir la dynamo au moment voulu.

En faisant varier la self ou la capacité du circuit oscillant, on obtient des oscillations de fréquences élevées ou basses. Il suffit alors de coupler l'antenne au circuit oscillant et de l'accorder sur lui, pour qu'elle rayonne une onde entretenue donnant lieu, à la réception, à des effets de résonance très nets. Le récepteur peut alors séparer facilement deux émetteurs travaillant sur des longueurs d'onde différant de quelques dizaines de mètres, ce qui est impossible avec deux émetteurs à ondes amorties.

On simplifie à l'extrême les montages en utilisant l'antenne elle-même comme circuit oscillant. Dans ce cas, l'arc est intercalé directement dans l'antenne et une bobine de self de quelques spires permet de faire varier la longueur d'onde émise.

Pour manipuler, c'est-à-dire pour produire ou interrompre l'émission des ondes, il ne faut pas songer à couper et rétablir le courant de la dynamo, car l'arc ne se rallume pas de lui-même. On agit alors sur la longueur d'onde, en courtcircuitant avec le manipulateur une ou deux spires de la self d'antenne. L'arc fonctionne constamment mais donne deux ondes : l'une , par exemple 2000 mètres, est celle de repos, l'autre 1800 mètres, est celle de travail c'est-à-dire celle rayonnée pendant l'émission des points et des traits composant l'alphabet Morse. Les récepteurs étant bien syntonisés et accordés sur 1800 mètres, seule l'onde de 1800 mètres les impressionnera, celle de 2000 mètres n'étant pas entendue.

L'introduction de l'arc dans l'antenne donne naissance à un grand nombre d'harmoniques, tout comme le frottement de l'archet sur une corde de violon. Une station émettant sur 2000 mètres est entendue par des récepteurs accordés sur 2000, 1000, 666, 500, 400 mètres, etc. Les arcs sont donc très gênants ; les amateurs de radiotéléphonie de Paris, Tours, Bordeaux, Lyon, Nantes en savent quelque chose. Cependant, il est beaucoup plus facile d'éliminer dans un récepteur un arc qu'une amortie. Malgré cela, les arcs tendent à disparaître pour faire place aux alternateurs à haute fréquence et aux lampes de grande puissance.

L'antenne est un bon capteur d'ondes.

Deux antennes étant placées à grande distance l'une de l'autre, si l'on excite l'une par l'un des procédés précédemment décrits, l'autre est

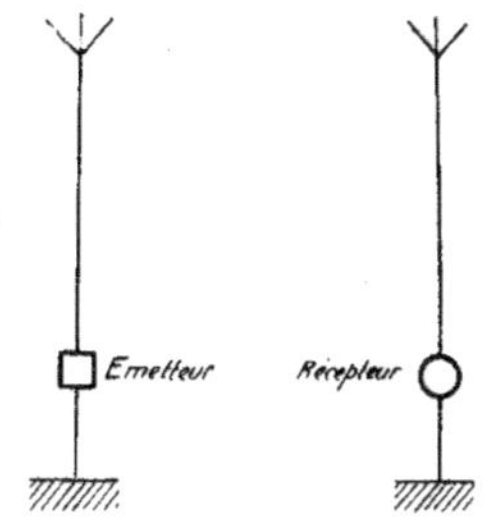

Fig. 11. — Excitée, l'antenne émettrice vibre et par induction fait vibrer l'antenne réceptrice.

le siège d'oscillations de même fréquence (Fig. 11), tout comme une flamme de bougie vibre à proximité d'un violon en activité.

Les antennes émettrices et réceptrices doivent être en résonance.

Lorsqu'une note musicale est émise, tous les instruments d'un orchestre entrent en vibration. Mais seuls les instruments accordés sur la note émise vibrent fortement et font entendre un son ; ils sont en résonance. Pour qu'une antenne réceptrice vibre au maximum sous une excitation lointaine, il faut qu'elle soit accordée sur l'émettrice, c'est-à-dire qu'elle ait la même longueur d'onde. Un indicateur de courant placé dans l'antenne réceptrice et que nous appellerons simplement récepteur jusqu'au moment où nous en verrons le fonctionnement, indique alors que le courant reçu est le maximum de ce que l'on peut espérer obtenir.

Lorsque les deux antennes sont identiques, par exemple chacune étant un fil vertical de 20 mètres, la résonance est évidemment réalisée. Il suffit alors de placer le récepteur à la base de l'antenne réceptrice pour qu'il enregistre le passage des oscillations émises par l'autre antenne. Je dis *à la base*, donc aussi près que possible de la terre, car nous avons vu en étudiant l'antenne d'une façon générale, que la vibration présente à la base un ventre d'intensité et c'est en cette région que l'on pourra recueillir le maximum d'énergie.

Ce montage très simple fut utilisé dans les premiers temps de la T. S. F., mais il ne tarda pas à se montrer affecté de deux sérieux défauts.

Tout d'abord, l'antenne réceptrice doit être identique à l'antenne émettrice. Or, pour que les émetteurs ne se gênent pas entre eux, il faut les faire travailler sur des longueurs d'onde différentes; une station réceptrice devrait posséder autant d'antennes qu'elle a de correspondants à recevoir, chacune d'elles étant accordées sur une émission particulière.

En second lieu, la présence du récepteur dans l'antenne même en accroît l'amortissement et ne permet qu'une syntonie très floue.

Les premiers progrès de la T. S. F. ont porté principalement sur l'atté-

nuation de ces deux défauts. Voici par quels artifices.

L'introduction d'une self dans l'antenne en accroît la longueur d'onde.

Une antenne mise à la terre a une longueur d'onde propre que l'on appelle encore sa longueur d'onde fondamentale, ou tout simplement sa *fondamentale*. Un fil vertical de 20 mètres a une longueur d'onde fondamentale de 80 mètres. Coupons l'antenne à sa base et intercalons y quelques tours de fil roulé sur un tube en carton (Fig. 12 a). En termes de

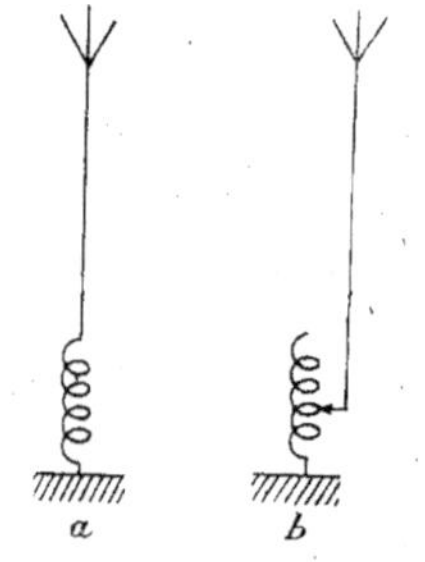

Fig. 12. — L'introduction d'une self-induction à la base de l'antenne en accroît la longueur d'onde. Si la self-induction est variable, la longueur d'onde peut être réglée à la valeur que l'on désire.

métier, ces quelques tours de fils s'appellent *bobine de self-induction* ou plus simplement *self*. La présence de fil supplémentaire accroît la self-induction de l'antenne donc la longueur de l'onde qu'elle est capable d'émettre.

Une analogie mécanique fera mieux comprendre : Une corde tendue peut vibrer et rendre un son dont la note dépend de trois facteurs : la longueur, le poids et la tension de cette corde. Tous les écoliers ont tiré une corde qu'ils tenaient entre leurs dents et ont pu constater que la note était

d'autant plus aiguë qu'ils tiraient plus fortement. D'autre part, sur un violon les cordes ont même longueur et supportent sensiblement la même traction : on fait varier leurs notes fondamentales en les alourdissant par des fils métalliques plus ou moins gros enroulés autour. En augmentant le poids, on accroît l'inertie et par suite on diminue la fréquence des vibrations.

Or, nous avons vu que la self-induction n'est que l'inertie de l'électricité; si donc nous augmentons la self-induction d'une antenne, nous diminuons la fréquence de ses vibrations et augmentons par suite sa longueur d'onde.

En faisant varier le nombre de tours de fil sur la bobine (la fig. 12 b indique comment on représente une self-réglable), on fait varier à volonté la longueur d'onde de l'antenne que l'on peut ainsi accorder sur n'importe quelle émission. Avec une seule antenne on peut donc tout recevoir.

L'introduction d'une capacité dans l'antenne diminue la longueur d'onde.

Coupons l'antenne et intercalons-y deux plateaux métalliques se faisant face mais sans se toucher (Fig. 13 a). Nous reconnaissons là un condensateur qui, comme nous le savons, laisse passer d'autant mieux la haute fréquence que sa capacité est plus forte. Si les armatures ont une très grande surface, la haute fréquence passe aussi facilement que s'il n'y avait pas de condensateur : un condensateur de grande capacité ne modifie en aucune façon la longueur d'onde d'une antenne.

Si au contraire les armatures sont très petites, la capacité est très faible, la haute fréquence est arrêtée et tout se passe comme si l'antenne était isolée de la terre. Au lieu de vibrer en quart d'onde, l'antenne vibre en demi-onde c'est-à-dire que l'introduction, à sa base, d'une très petite capacité diminue sa longueur d'onde de moitié.

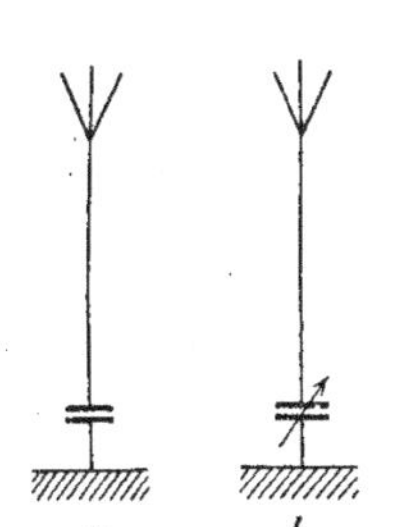

FIG. 13. — L'introduction d'un condensateur à la base de l'antenne en diminue la lnogueur d'onde. Si le condensateur est de capacité variable, la longueur d'onde peut être ajustée à la valeur voulue.

En rendant variable la capacité du condensateur introduit dans l'antenne, (Fig. 13 b), on peut recevoir des ondes dont les longueurs sont inférieures à la longueur d'onde propre, c'est-à-dire à la longueur d'onde fondamentale de l'antenne.

Combinaison des selfs et des capacités.

En intercalant dans une antenne soit une self variable, soit un condensateur variable, on peut recevoir depuis les plus petites jusqu'aux plus grandes ondes émises. Cependant il est plus facile de construire un condensateur à variation continue qu'une self à variation elle-même continue. Pour accorder une antenne on y intercale une self fixe convenablement choisie et un condensateur variable qui permet l'accord exact sur l'onde à recevoir. Ce montage, dit *avec condensateur en série* (Fig. 14 a), est à recommander pour la réception des petites ondes, la présence du condensateur

diminuant la longueur d'onde propre de l'antenne.

Pour les ondes longues on place le le condensateur *en parallèle* sur la self (Fig. 14 b). Comme il ne coupe pas l'antenne, il n'en diminue pas la longueur d'onde, il augmente au contraire la capacité totale de l'antenne, donc sa longueur d'onde.

En utilisant un commutateur permettant de passer rapidement le condensateur de série en parallèle, avec une seule bobine on obtient une marge considérable de longueur d'onde.

Par exemple : une self fixe donne à une antenne une longueur d'onde de 400 mètres. Un condensateur en série, par sa variation de zéro au maximum de sa capacité, permet tout accord entre 200 et 400 mètres ; placé en parallèle, le même condensateur donne de 400 à 600 mètres ou plus selon la valeur de sa capacité totale. Par conséquent, une seule bobine et

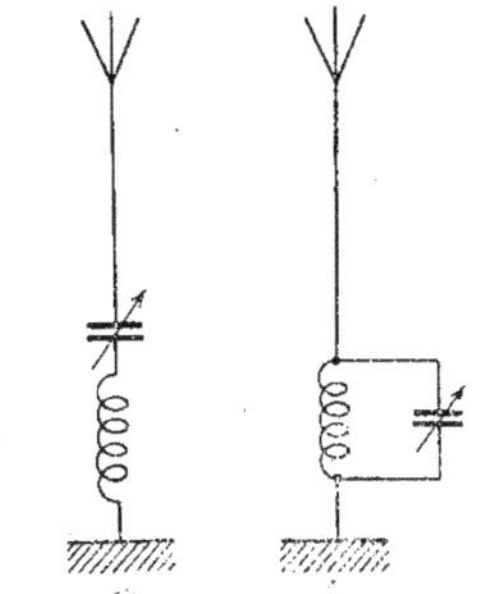

FIG. 14. — La self accroît la longueur d'onde. Le condensateur en série (a) la diminue, le condensateur en parallèle sur la self (b) l'accroît encore plus.

un seul condensateur bien choisis, permettent de recevoir, en passant du montage-série au montage-parallèle toutes les ondes comprises entre 200 et 600 mètres, c'est-à-dire tous les postes de téléphonie en petites ondes.

Où placer le récepteur ?

Le montage direct est le plus simple. Il consiste à placer le récepteur dans l'antenne même (Fig. 15 I). Par

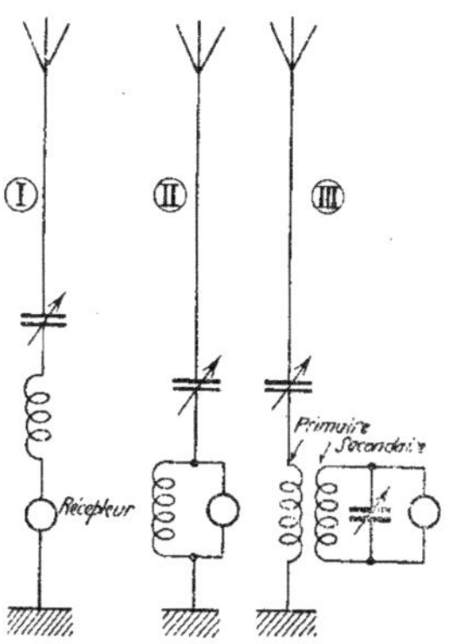

FIG. 15. — Le montage en série du récepteur (I) ne donne aucune sélectivité. Le montage en dérivation (II) est meilleur mais imparfait. Le montage en parallèle (III) est bien plus sélectif.

sa grande résistance il amortit trop l'antenne et ne donne qu'une syntonie très floue. Avec lui on est incapable de séparer les émissions de longueurs d'onde voisines ; il est donc à rejeter.

Vient ensuite le montage *en dérivation*, encore, mais improprement, appelé *montage en Oudin* (Fig. 15 II). Le récepteur est embroché sur la self d'accord. Quelles que soient les précautions prises, la résonance d'une antenne de réception est floue et le récepteur peut être impressionné par plusieurs ondes de longueurs différentes. Cependant avec les récepteurs à lampes qui accroissent énormément la syntonie par le jeu de la réaction, ce montage donne d'excellents résultats ; c'est celui que je préconise aux amateurs, car il est puissant et simple.

Enfin, on utilise le montage par

induction ou *en Tesla* (Fig. 15 III). L'antenne, accordée sur l'onde à recevoir par une self fixe et une capacité variable, forme un premier circuit ou *circuit primaire*. Les oscillations engendrées dans ce circuit passent par induction dans un second circuit, dit *circuit secondaire* qui comporte le récepteur. Le secondaire doit être mis bénéficier du maximum d'échange en résonance sur le primaire pour d'énergie entre les deux circuits. L'amortissement du secondaire étant plus faible que celui de l'antenne, la syntonie est meilleure que dans le cas précédent. Cependant, pour avoir une syntonie réellement aiguë, il faut éloigner tellement le secondaire du primaire (on dit : diminuer le coupage entre primaire et secondaire) que le récepteur n'est plus impressionné.

Très utile du temps où on employait la galène, la réception en Tesla est actuellement parfaitement inutile sauf pour les très petites ou les très grandes ondes. La complication des circuits dont l'accord nécessite deux selfs et deux condensateurs, n'est pas en rapport avec le peu d'avantages de ce montage sur celui en dérivation.

LA PRATIQUE

L'érection de l'antenne

Conditions à satisfaire.

Jusqu'à présent, l'antenne n'a été qu'un simple fil vertical mis à la terre. Très difficile à réaliser lorsque sa longueur atteint quelques dizaines de mètres, l'antenne unifilaire verticale ne capte pas beaucoup d'énergie. L'expérience a heureusement montré que l'antenne ne doit pas être obligatoirement verticale mais peut être inclinée ou même horizontale et qu'elle peut comporter plusieurs fils dont les effets se totalisent.

Si l'on suivait scrupuleusement les indications des catalogues ou de la plupart des ouvrages dits « de vulgarisation », jamais on n'oserait ériger une antenne tant cela semble difficile. Sur les dix conditions qui, paraît-il, sont indispensables à satisfaire sous peine de ne rien recevoir, cinq sont inréalisables sauf dans les pays sauvages et désertiques, et trois ne s'obtiennent qu'à prix d'or ?

Certes, je ne nie pas que pour une bonne réception une bonne antenne est un facteur important, mais je prétends que le terrain et le voisinage interviennent pour une très large part. Des antennes absolument identiques, disséminées dans une ville rendent très différemment. On a quelquefois des résultats médiocres sur des antennes montées luxueusement et des réceptions merveilleuses sur des antennes invraisemblables telles que : sommier métallique, tuyaux de poêle, conduite de gaz, ligne téléphonique souterraine, fil de fer de trois mètres fixé par des clous le long d'un mur... Je citerai encore qu'il m'est permis de recevoir, dans l'Ouest, les concerts anglais très convenablement, au casque avec deux lampes, sur un fil de 8 mètres de long à 30 centimètres de hauteur et mis à la terre à ses deux extrémités. Cette antenne bizarre est de plus au pied d'une colline et d'un fort beau rideau d'arbres ; toutes conditions réunies pour ne rien recevoir, diraient les pontifes.

Pour donner le maximum d'intensité, il faudrait qu'une antenne fut bien dégagée, très longue, très haute et à grand nombre de brins. Malheureusement une antenne ne reçoit pas qu'une seule émission mais en capte plusieurs au même instant et vibre aussi sous l'impulsion des parasites.

Pour être à l'abri du brouillage, une antenne doit être courte, basse et unifilaire. Trois conditions en contradiction avec les précédentes.

Ceci pour montrer qu'il est difficile de donner des conseils sur l'érection d'une antenne devant permettre la réception d'une poste donné. Voici cependant quelques indications qui, bien que non absolues, pourront guider l'amateur. Je me place naturellement dans le cas d'une personne désirant recevoir les concerts européens mais non les australiens.

Tout d'abord ne pas avoir d'idées préconçues. On a vu chez un ami une belle antenne et on rêve d'en monter une pareille chez soi. C'est un tort, car à l'exécution toutes sortes de difficultés se présenteront. *Il faut avant tout utiliser la disposition des lieux*, et selon les circonstances on adopte l'un des types d'antennes que je vais passer en revue.

Ensuite il ne faut pas chercher à monter des antennes formidables, tant par leur longueur que par leur nombre de brins. C'était indispensable autrefois lorsqu'on ne disposait que de détecteurs à galène ou d'autres encore moins sensibles, mais actuellement avec les amplificateurs puissants les grandes antennes sont plus nuisibles qu'utiles.

On dispose d'un grand jardin.

On montera une antenne unifilaire. Il est inutile de lui donner une longueur de plus de 50 mètres ; il est préférable de se tenir entre 30 et 50 mètres. Trop longue, l'antenne ne peut plus être accordée sur les petites ondes et il faut utiliser des récepteurs spéciaux ; d'autre part, elle collecte une quantité imposante de parasites la rendant parfois inutilisale.

Généralement, il se trouve dans le jardin un sapin dominant les autres arbres. On l'utilisera comme support d'antenne (Fig. 16) sans chercher à profiter de toute sa hauteur; il·suffit que l'antenne passe à 1 ou 2 mètres au dessus des autres arbres ou des constructions qui peuvent se trouver entre la maison principale et le sapin.

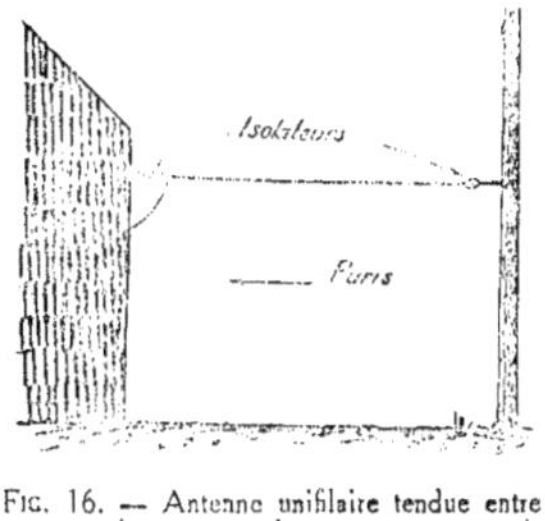

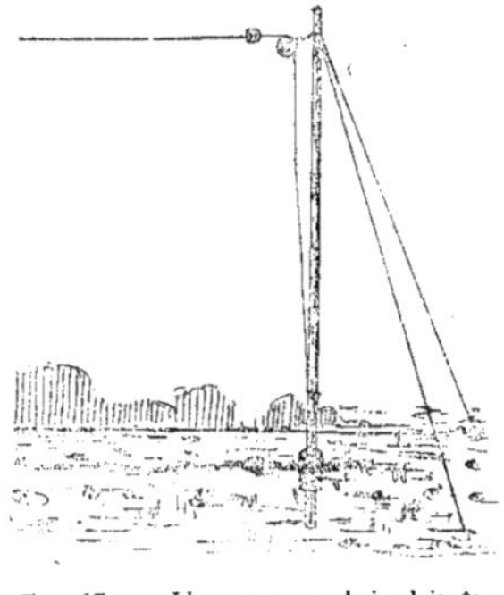

Fig. 16. — Antenne unifilaire tendue entre une maison et un arbre ou entre une maison et une clôture.

On fixera dans le sapin l'une des extrémités de l'antenne par l'intermédiaire d'un isolateur et d'un fil de fer de façon que le fil d'antenne soit maintenu à 1 ou 2 mètres hors des branches. Ultérieurement je donnerai des détails sur les isolateurs.

L'autre extrémité de l'antenne sera, par l'intermédiaire d'un fil de fer et d'un isolateur fixée à une cheminée, à une lucarne ou tout simplement à un crochet de la dalle. Pour faire uniquement de la réception, il est parfaitement inutile de planter une console sur le faîte du toit pour surélever l'antenne de 1 ou 2 mètres. Cela n'est indispensable que lorsque les arbres du jardin étant grands, on risque de voir l'antenne s'accrocher dans les branches.

Si le jardin ne porte pas d'arbres, on peut ériger un poteau en bois de 8 à 10 mètres. Une perche d'échafaudage de maçon convient très bien et ne coûte pas cher. Pour empêcher le poteau de fléchir sous la traction du fil, on le consolide avec deux hau-

bans en fil de fer de 10 à 12 dixièmes (Fig. 17).

Les poteaux enterrés pourrissent non pas dans le sol mais au ras du sol. Lorsque le poteau est dressé, on le déchausse et l'entoure d'un cylindre de bois ou de fer dans lequel on coule du ciment de façon à constituer un manchon dépassant d'une vingtaine de centimètres au-dessus et au-dessous du niveau du sol.

Il est bon de prévoir une rupture toujours possible du fil d'antenne qu'il faut d'ailleurs éviter de trop tendre. Pour faciliter la réparation le brin de retenue passe sur une poulie qui permettra la montée et la descente de l'antenne. Mais attention ! Les poteaux en bois ont presque tous la détestable manie de tourner d'un demi-tour sur eux-mêmes de l'hiver à l'été et de l'été à l'hiver. Il ne faut donc

Fig. 17. — Un poteau en bois doit être protégé par un pied et haubanné.

pas fixer la poulie directement sur le poteau, mais l'y attacher par un fil de fer de 20 à 30 centimètres.

Ne pas s'occuper de l'orientation de l'antenne. On prétend qu'une antenne rayonne mieux dans la direction de l'entrée de poste (direction de la flèche dans le cas où l'on veut re-

cevoir (Paris, fig. 16). Cela est vrai lorsqu'on reçoit sur galène des amorties à courte distance, mais ne signifie rien pour des entretenues reçues sur amplificateur et à grande distance. D'autre part, on reçoit des concerts de Paris, d'Angleterre, de Belgique, d'Allemagne, de Suisse, d'Italie, d'Espagne, pourquoi alors orienter une antenne plutôt vers Paris que vers Madrid ?

Il y a une orientation à donner à l'antenne, si toutefois cela est possible sans la plus petite difficulté. C'est lorsqu'à proximité se trouve une nappe téléphonique, une ligne de secteur, ou une ligne de tramways; on orientera alors l'antenne *perpendiculairement* à ces réseaux de fils. On a ainsi quelques chances de diminuer très légèrement les troubles violents apportés souvent par les courants aériens.

Le jardin est de dimensions moyennes.

Si l'on ne dispose que d'une longueur de 15 ou 20 mètres, une antenne unifilaire peut être insuffisante. On montrera alors une antenne bifilaire qui, selon la disposition des lieux sera en V ou en nappe.

Soit d'abord le cas d'une propriété dans le jardin de laquelle ne se trouve ni bâtiment ni arbre. D'une cheminée ou d'une console de 1 à 3 mètres fixée sur le toit partent deux fils aboutissant à deux consoles de 2 mètres environ plantées aux angles du mur de clôture. C'est l'antenne en V; il est préférable que les deux fils aient même longueur. Un isolateur coupe chaque fil à l'extrémité la plus éloignée de l'entrée de poste. A l'autre extrémité au contraire les deux fils sont réunis entre eux et fixés au même isolateur (fig. 18).

Si le jardin est encombré d'arbres ou de bâtiments pouvant accrocher l'antenne en nappe est alors plus simple et plus économique.

On coupe deux traverses de bois de 1 mètre à 1 m. 50 de longueur et de quelques centimètres de diamètre (bambou, manche à balai, etc.), dont le rôle

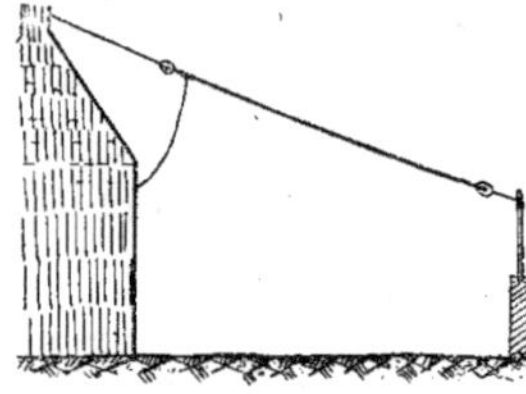

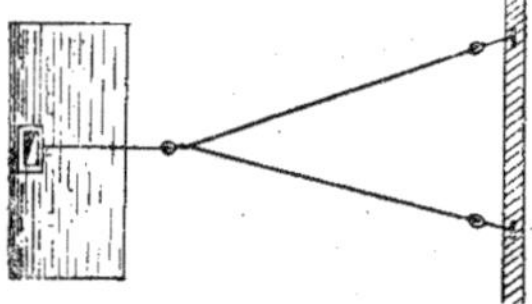

Fig. 18. — Antenne bifilaire à deux brins en **V**.

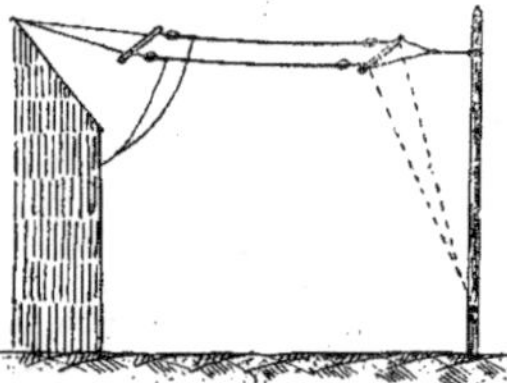

Fig. 19. — Antenne en nappe à deux brins parallèles

est de maintenir l'écartement des brins d'antenne. Des fils de fer fixés à chaque extrémité (le fil faisant deux ou trois tours bien serrés sur la traverse) permettent d'attacher l'antenne d'une part à la maison et d'autre part à un arbre ou à défaut à un poteau (fig. 19).

Lorsque l'antenne en nappe est un peu longue, elle a, sous l'action du vent, tendance à tourner et les fils se mélangent. On empêchera cette rotation en constituant la descente d'anten-

ne (c'est-à-dire les fils qui la relient au poste de récepteur) par deux fils se réunissant à 2 ou 3 mètres au-dessous de la nappe et en maintenant cette descente constamment tendue.

Pour la même raison, il faut éviter que les deux fils de fer qui relient la seconde traverse à l'arbre ou au poteau ne se rapprochent trop vite, il ne faut les réunir qu'à 2 ou 3 mètres de la traverse.

Si malgré les précautions prises l'antenne tournait, on l'empêcherait de recommencer en fixant aux extrémités de la seconde traverse deux cordes ou deux fils de fer venant se réunir au pied de l'arbre ou du poteau (en pointillé sur la figure).

Il n'y a pas de jardin.

C'est le cas des habitations au centre d'une grande ville. On montera alors une antenne en cage, ainsi nommée parce qu'elle rappelle la cage cylindrique mobile autour d'un axe horizontal et qu'un écureuil, prisonnier dans ses barreaux, faisait tourner en tentant vainement de grimper : l'ours savant et l'écureuil étaient jadis, les principales attractions des foires de village.

On monte l'antenne en cage parallèlement au faîte de la maison en fixant à chaque extrémité du toit (fig. 20) une console de 2 à 3 mètres de hauteur. Deux croisillons en bois de 1 mètre de longueur sont vissés en croix par leurs milieux et, attachés aux consoles, constituent les bases de l'antenne. Aux quatre coins formés par chaque couple de croisillons, on fixe un isolateur, puis on tend les fils d'antenne d'un croisillon à l'autre. La tension doit être convenable, sinon il y aura mélange au premier coup de vent.

L'antenne en cage rend très bien pour une distance entre croisillons de

4 à 12 mètres. Si l'on dispose de plus de 12 mètres, il est parfaitement inutile de monter une antenne en cage, l'antenne à deux fils donne les mê-

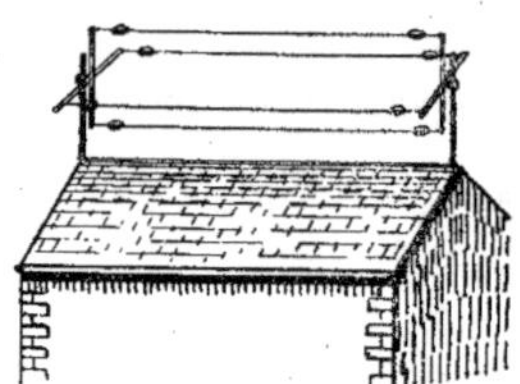

Fig. 20. — L'antenne en cage n'est intéressante que lorsque la place dont on dispose est très restreinte.

mes résultats tout en étant plus facile à ériger.

Antennes intérieures.

On peut obtenir de très bons résultats avec des antennes intérieures; cependant, il faut poser qu'en géné-

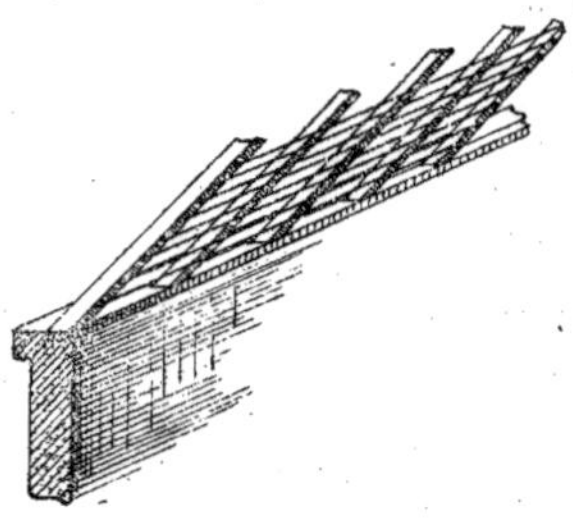

Fig. 21. — L'antenne peut se tendre entre deux arbalétriers.

ral, les réceptions sont moins puissantes qu'avec des antennes extérieures. Il n'en reste pas moins vrai que c'est une solution très intéressante car l'antenne est alors invisible, facile à installer à peu de frais et transformable à volonté.

Dans le cas où la maison possède un vaste grenier bien dégagé, on montera une antenne en cage à **4** ou **6** brins au-dessous des fermes.

Si le grenier est encombré, l'antenne, en nappe, sera fixée directement sur les fermes. Sur chaque arbalétrier extrême on fixera par des clous ou des vis, des isolateurs à 20 centimètres les uns des autres. D'un arba-

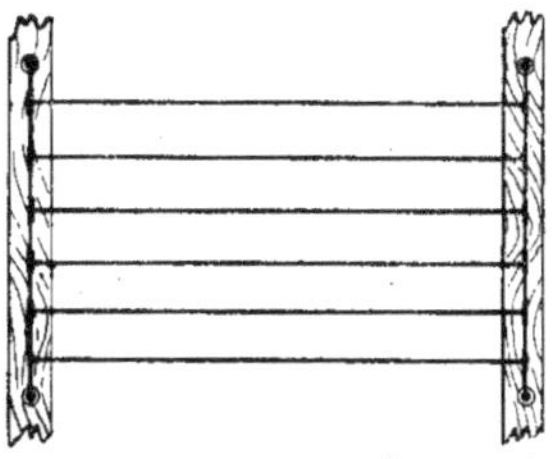

Fig. 22. — Simplification de l'antenne précédente.

létrier à l'autre on tendra de 6 à 10 fils parallèles ; ce sera l'antenne (fig 21). Pour relier l'antenne au récepteur, on réunira tous les fils à une extrémité par un conducteur aboutissant aux appareils de réception.

On peut simplifier en ne posant en tout que 4 isolateurs, en réunissant les deux d'une même ferme par un fil métallique fortement tendu et en ligaturant les fils d'antenne à ces deux conducteurs extrêmes (fig. 22). C'est une simplification au point de vue pose et économie d'isolateurs, mais la réalisation convenable d'une telle antenne est assez délicate.

Lorsque la maison est haute et la cage d'escalier large, on peut, si le récepteur doit être placé au rez-de-chaussée, utiliser une antenne en cage verticale. Dans le cas d'un escalier étroit on montera une antenne en nappe à 4 ou 6 fils.

Si, dans un appartement, on dispose d'un long couloir ou d'une galerie, on y tendra une antenne en cage. C'est une solution peu esthétique. On pourra alors fixer au plafond et à chaque extrémité une traverse en bois portant une dizaine d'isolateurs puis

tendre l'antenne entre ces traverses. Si le plafond est sous un plancher en fer, le rendement d'une telle antenne peut être médiocre.

Si l'un des murs du couloir ou de la galerie ne possède pas d'ouverture, on y fixera une antenne en nappe verticale analogue à celle de la figure 22.

Enfin, on pourra placer l'antenne dans la pièce même où se trouve le poste récepteur. On fixera dans les angles des murs et près du plafond, des tasseaux en bois portant des isolateurs ; l'antenne en nappe fera le tour de la pièce. Il est bon d'éviter que les deux extrémités de l'antenne ne viennent trop près l'une de l'autre. Par exemple, l'antenne occupera trois panneaux seulement ou, si son début se trouve au milieu d'un panneau, la fin en sera dans l'angle (fig. 23).

Je répète que ces antennes intérieures donnent des résultats parfois surprenants. Il peut être intéressant de commencer par une telle antenne et

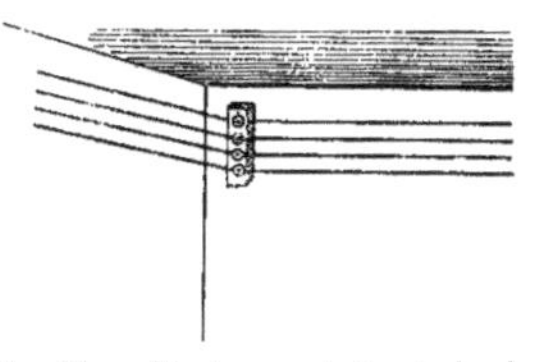

Fig. 23. — L'antenne peut être tendue le long des murs d'une pièce, près du plafond.

d'en faire l'essai avant de se lancer dans les frais d'une antenne extérieure.

Les isolateurs.

Pour isoler les antennes on a imaginé des isolateurs tous meilleurs les uns que les autres, mais qui n'ont en réalité qu'une qualité commerciale : leur prix élevé. Pour l'isolement des antennes d'amateurs de réceptions nor-

males, je ne recommande qu'un seul isolateur : la poulie de porcelaine qui se fait en deux types, la basse et la haute.

Pour isoler les antennes extérieures, on emploiera une poulie basse de 10

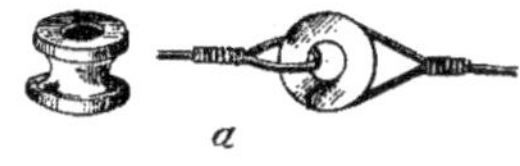
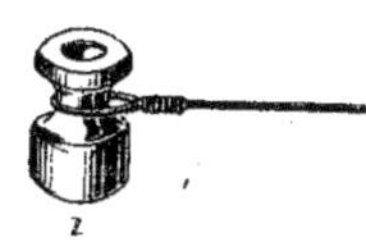

Fig. 24. — Les poulies en porcelaine sont des isolateurs simples et bon marché. Elles conviennent très bien pour les antennes d'amateurs.

à 15 millimètres de hauteur (fig. 24 a). La figure indique comment on fixera à la poulie le fil de fer de retenue et le fil d'antenne.

Pour les antennes intérieures, on emploiera la poulie haute qui se fixe directement par un clou ou une vis sur les arbalétriers ou les tasseaux en bois scellés au mur. La hauteur en sera de 15 à 20 millimètres (fig. 24 b).

Le fil d'antenne.

La lecture élémentaire de T.S.F. ahurit complètement le novice qui aborde le chapitre de l'antenne. Il y trouve la description de câbles spéciaux à brins tressés ou torsadés, à fils d'argent émaillés entremêlés de fils de cuivre. Le tout est accompagné de justifications pseudo-techniques qui ont la prétention de prouver que l'emploi de tels câbles accroît de 50 %, d'aucuns disent de 100 %, le rendement d'une antenne. Or cela ne repose sur aucune base sérieuse. Multiplier par 100 le prix de revient d'une antenne, et par 1,5 seulement son rendement, vous avouerez que c'est une opération peu productive.

Il est évident que pour ceux qui font de l'émission, ou pour les amateurs qui tentent la réception des postes très peu puissants situés à 20.000 kilomètres d'eux, une augmentation de rendement de l'antenne est appréciable. Mais pour les amateurs de concerts qui ne peuvent tolérer de juste milieu, qui demandent à entendre une émission très fortement ou pas du tout, pour ceux-là, doubler le rendement d'une antenne c'est modifier de façon inappréciable l'intensité de réception.

Les antennes seront donc montées en fil de fer galvanisé de 10 à 12 dixièmes de millimètre selon la longueur des brins. Comme avantages mécaniques le fil de fer a ceux de la solidité, de la souplesse et de faible allongement sous les efforts de traction. Il est très facile à tendre et à ligaturer en cas de rupture.

Du fil de fer bien galvanisé exposé aux intempéries dure un grand nombre d'années. Il a certainement une durée supérieure à celle des baux qu'accordent actuellement les propriétaires; en montant une antenne en fer galvanisé, on peut être assuré d'avoir l'obligation de la descendre avant qu'elle ne tombe d'elle-même par vétusté.

Si l'on a des craintes sur la bonne qualité du fer galvanisé dont on peut disposer (c'est le cas au bord de la mer), on utilisera le cuivre. Pour les petites antennes, celles ne dépassant pas 15 mètres ou les antennes intérieures, il est commode d'employer du cuivre rouge à cause de sa souplesse. Pour les antennes plus grandes le bronze télégraphique est tout indiqué. C'est un fil rigide et cassant, il faut donc avoir assez de patience et peu de nervosité pour monter correctement

des antennes et surtout réussir les ligatures aux poulies.

Raccords des fils d'antenne.

Il est préférable que les brins d'antenne soient d'une seule pièce, sans aucun raccord. Cependant il peut arriver que le fil dont on dispose présente des coupures, ou que, pour des raisons d'économie, on veuille utiliser des chutes de quelques mètres. Il faut alors faire des raccords en ne perdant pas de vue qu'ils doivent opposer le moins de résistance possible au passage de la haute fréquence.

Si l'antenne est en fil de fer ou de cuivre, la torsade est tout indiquée tant au point de vue solidité mécanique que faible résistance électrique.

La figure 25 indique les différentes phases d'exécution de la torsade.

Si le fil n'est pas neuf, on commence par décaper sur une dizaine de centimètres les deux bouts à raccorder jusqu'à ce que les surfaces soient bien propres. Ce décapage se fait non pas à l'acide qui donne une propreté factice et ronge les métaux en peu de temps, mais plus simplement avec un couteau, une lime ou de la toile émeri. Dans le cas du fer galvanisé, il faut avoir bien soin de raviver la couche de zinc, mais non de l'enlever ce qui mettrait le fer à nu et le ferait se rouiller rapidement.

On place les deux bouts côte à côte sur une dizaine de centimètres et on les tient solidement de la main gauche, directement si le fil est souple, avec une pince si le fil est rigide. De la main droite, on relève 5 centimètres du bout libre que l'on enroule sur le brin long en spires bien serrées et bien jointives. On arrive facilement à ce résultat avec une pince universelle. La moitié de la torsade est faite. On change alors de main et on enroule de la même façon, mais en

sens *contraire*, le second bout libre sur le brin long de gauche en ayant toujours soin de serrer énergiquement les spires. La torsade est terminée.

Bien exécutée, elle donne un contact parfait qui dispense de toute sou-

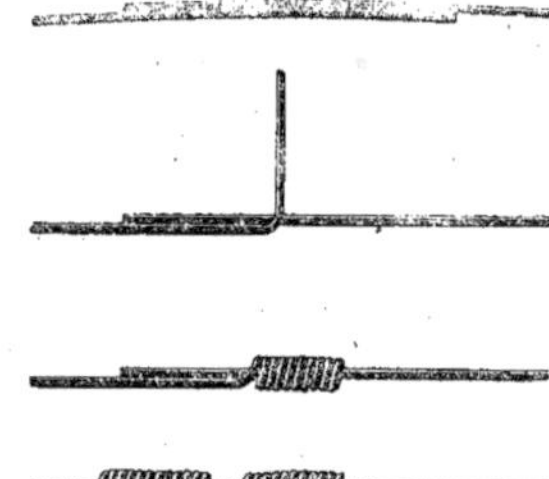

Fig. 25. — La torsade s'effectue simplement par enroulement des brins l'un sur l'autre.

dure et comme elle est très facile à réussir correctement, ma conclusion est qu'il est absolument inutile de souder les fils d'une antenne.

Dans le cas du fil dit « de bronze » qui est peu souple mais cassant, la torsade que je viens d'indiquer est difficile à réussir correctement, au point de vue électrique. D'autre part, en son milieu, à l'endroit où s'exerce

Fig. 26. — Le joint anglais s'emploie avec des fils gros ou cassants.

toute la traction existe une torsion très accusée du fil qui casse à la moindre surcharge. On peut faire le *joint anglais*, par fil indépendant (Fig. 26).

Les deux bouts retournés à leurs extrémités sont soudés côte à côte. Puis un fil de cuivre rouge, donc très souple, est enroulé très serré et recouvert de soudure pour constituer un manchon très solide.

Bien se rappeler que toute soudure doit être exécutée à la résine et non à l'acide qui ronge les conducteurs.

Lorsqu'on emploie du câble au lieu de fil (et j'ai dit que c'était inutile), on fera avec ce câble la torsade espagnole, l'épissure, qui est évidemment bien préférable, mais n'est exécutable que par des personnes qui en ont l'habitude.

Enfin, si l'on prend du câble dont chaque fil est isolé (et j'ai dit que c'était parfaitement inutile), il faudra dénuder chaque fil, le souder à son correspondant, puis rétablir l'isolement de chacun d'eux. S'il y a deux cents fils d'un diamètre de quelques centièmes de millimètre, vous voyez d'ici le travail !! Or, oublier de souder un seul fil peut faire baisser notablement le rendement de l'antenne et ce n'est vraiment pas la peine d'acheter à grand frais du fil divisé. Pour aller plus vite, souder tous les fils ensemble, c'est faire comme le monsieur qui ayant deux trous dans sa canalisation d'eau, l'un de 1 m/m, l'autre de 1 cm de diamètre, boucherait le premier parce que c'est facile, mais laisserait le second comme trop difficile à obturer.

Entrée de poste.

On appelle *entrée de poste* la liaison entre l'antenne et le récepteur situé dans un pièce de l'appartement. Il est parfaitement inutile d'exécuter cette liaison avec du câble à très fort isolement comme on le fait d'ordinaire, je dirai même que c'est nuisible, car on augmente les pertes par capacité. Je recommande de faire toute la partie intérieure de l'entrée de poste en fil nu rigide tel du bronze télégraphique ou du gros fil de fer.

On écartera le fil de descente d'antenne des murs et des toits au moyen d'isolateurs de façon que sous l'effet du vent, il ne puisse avoir de contact avec les parties du bâtiment plus ou moins en communication avec le sol (Fig. 27).

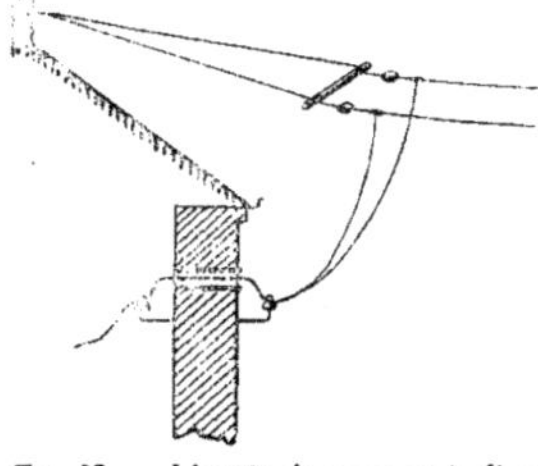

Fig. 27. — L'entrée de poste est le fil qui relie l'antenne au récepteur. Elle doit être bien isolée.

La pénétration se fait en perçant le mur que le fil traverse à l'intérieur d'un gros tube de verre, par exemple tube à manomètre de machine à vapeur.

Il est plus simple et d'ailleurs préférable au point de vue électrique de

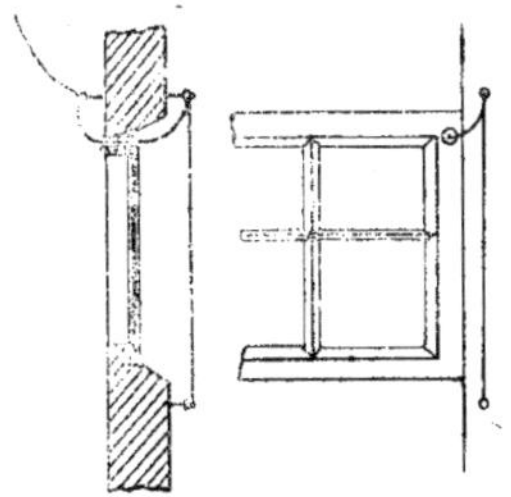

Fig. 28. — L'entrée de poste peut traverser le bois d'une fenêtre.

traverser dans le bois d'une imposte de porte ou de fenêtre. La figure 28 donne les indications nécessaires. Là, encore, la traversée se fait dans un tube de verre.

Dans le cas plus général, l'amateur ne cherche pas à recevoir des postes très éloignés et comme il dispose d'amplificateurs puissants les fuites d'antenne sont négligeables. L'entrée de poste peut être alors en simple fil de sonnerie traversant directement les boiseries et fixé au mur par de petits cavaliers isolés ou des poulies en os. Il n'y a pas de différence dans les intensités de réception des postes radiotéléphoniques européens avec une entrée de poste faite selon toutes les règles de l'art et une entrée de poste en fil de sonnerie.

La prise de terre.

Nous savons que l'antenne est un conducteur élevé et mis à la terre à l'une de ses extrémités. Le rôle de la prise de terre est de maintenir à la base de l'antenne le maximum d'intensité de vibration. Le poste récepteur, pour donner pleine puissance, doit être placé aussi près que possible du sol; si on le peut, on le placera au rez-de-chaussée. Ce n'est naturellement pas une obligation, car un poste récepteur peut donner une très bonne réception au sixième étage. Mais il n'en est pas moins vrai que la réception s'améliore si on descend l'appareil.

La meilleure place pour un récepteur est au rez-de-chaussée, à côté d'une fenêtre donnant sur le jardin et juste au-dessous de l'antenne. Dans ces conditions, entrée de poste et prise de terre sont rectilignes et réduites au minimum de longueur.

De même qu'il est possible souvent de recevoir très bien sur des antennes hétéroclites, il est aussi possible d'utiliser des prises de terre variées et même de ne pas en utiliser du tout. On peut par exemple prendre comme « terre » le gaz, l'eau, le chauffage central, une baignoire, un balcon, un grillage de clôture, un toit en zinc, un sommier métallique, etc. Cependant il faut poser que huit fois sur dix, les résultats sont médiocres lorsqu'on prend comme « terre » n'importe quoi. Pour ne pas avoir de déboires, il vaut mieux constituer tout de suite une bonne terre.

Le plus sûr est d'utiliser les canalisations d'eau qui s'étendent très loin dans une ville. L'appareil récepteur sera relié par un *fil nu*, cuivre ou fer, fixé directement sur les murs par des pointes, au tuyau de plomb le plus proche. Sur le tuyau *bien gratté*, on enroule 4 ou 5 tours du fil de terre venant de l'appareil et on serre vigoureusement à la pince.

Les canalisations d'eau passant à proximité des rails de tramways ou de points de mise à la terre des secteurs, amènent à domicile une grande quantité de courants vagabonds produisant dans le récepteur des bruits désagréables. C'est pourquoi je recommande de prendre de préférence la terre dans le jardin. Le fil issu de l'appareil traverse la fenêtre la plus proche, descend le long du mur et pénètre dans le sol où on le place au fond d'une rigole de 30 centimètres de profondeur et de 5 à 6 mètres de longueur, creusée dans une allée. C'est une excellente prise de terre. Pour la simple réception, il est inutile d'enfouir des mètres de grillage ou de zinc et de bourrer avec du coke comme le recommandent certains.

II. - LES CADRES

Utilisation du cadre.

Il est un dispositif de réception qui dans certains cas remplace avantageusement l'antenne, et qui, avec la perfection croissante des appareils récepteurs est de plus en plus employé, c'est *le cadre*. On appelle ainsi un circuit oscillant fermé dont la self est mobile autour d'un axe vertical.

Avantages du cadre.

Le cadre peut être placé à l'intérieur d'une maison, au rez-de-chaussée ou à n'importe quel étage. Son emploi affranchit de l'antenne et de la prise de terre; l'installation est alors facilement transportable. Son effet de direction met à l'abri du brouillage par tous les postes situés par son travers; il est donc plus sélectif que l'antenne. D'autre part, les parasites ont généralement une direction privilégiée par conséquent la réception d'un poste de direction perpendiculaire à celle des parasites ne sera nullement gênée par eux. Par contre, le cadre ne met pas à l'abri des parasites industriels amenés par les lignes de tramways, les lignes à haute tension, les lignes téléphoniques, ces parasites agissant généralement non sur le collecteur d'ondes, antenne ou cadre, mais sur l'appareil récepteur lui-même.

Le cadre semble donc l'idéal. Oui, mais l'énergie qu'il capte est tellement faible qu'il faut des amplificateurs puissants pour la déceler. Deux lampes sur une antenne moyenne donnent en haut parleur tout ce que l'on veut; six sont nécessaires pour obtenir les mêmes résultats sur cadre.

La réception sur cadre est donc plus onéreuse que la réception sur antenne. D'autre part, sauf pour des amplificateurs très bien construits, l'accroissement du nombre de lampes accentue de plus en plus la déformation de la parole ou de la musique et le résultat n'est pas toujours merveilleux. Cependant, les avantages du cadre, en font un récepteur vraiment intéressant et l'amateur qui construit lui-même ses appareils en tirera sûrement d'excellentes auditions.

Le cadre a une propriété très utile et qui va nous aider dans la recherche des meilleures auditions de réception : il indique la direction des ondes.

Nous savons en effet qu'une antenne d'émission rayonne une onde magnétique qui se propage sous la forme de lignes circulaires horizontales ayant l'antenne pour centre (Fig. 29). Tout circuit placé sur le trajet de ces ondes est le siège d'une force électromotrice induite d'autant plus intense qu'il offre plus de surface aux lignes magnétiques. Si donc nous plaçons dans le champ une bobine de quelques tours de fil (sur la figure 29 elle est vue par dessus), il faudra pour y recueillir la plus grande force électromotrice la placer de telle façon que ses spires offrent aux lignes magnétiques la plus grande surface possible. Par suite le plan des spires sera vertical et dirigé vers le poste émetteur.

Comme une antenne un cadre n'absorbe le maximum d'énergie que s'il est en résonance sur l'onde à recevoir. Les deux extrémités de son enroulement sont alors fermées sur un condensateur variable permettant de l'accorder à volonté sur toute onde que l'on désire (Fig. 30). Le cadre étant orienté vers le poste émetteur, la réception est maximum, elle est nulle au contraire si le cadre est perpendiculaire à la direction de l'émetteur. C'est là une propriété très précieuse mise à profit dans la radiogoniométrie, ou repérage d'un poste d'émission.

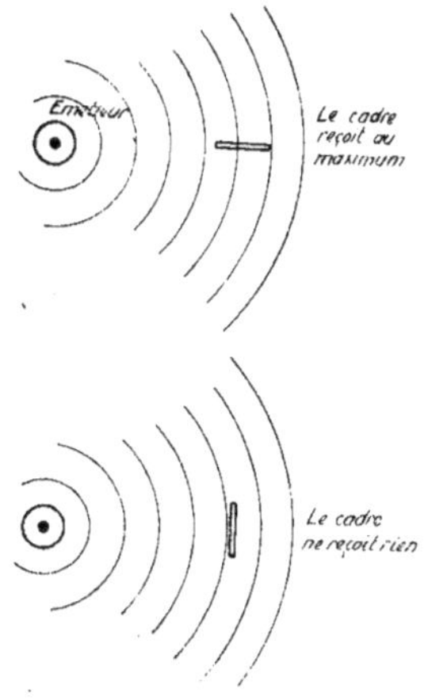

FIG. 29. — L'antenne émettrice rayonne des ondes circulaires. Coupé par elles un cadre est excité. Parallèle à elles un cadre reste muet.

Voici par exemple comment on peut repérer un bateau en mer, même à assez grande distance. Je cite le cas du paquebot « *Afrique* » perdu dans l'Atlantique le 12 janvier 1920.

L' « *Afrique* » quittait Bordeaux le 9 janvier; la mer était démontée. A la sortie de la Gironde, l'une des machines cessa de fonctionner et le paquebot, entraîné par les courants, partit à la dérive. Le temps couvert ne permettait pas de faire le point et le commandant ignorait totalement sa position. L'appel de détresse lancé par sans fil, intercepté par le « *Ceylan* » et les postes côtiers, n'aurait servi à rien sans l'intervention des radiogoniomètres de Lorient, Saint-Nazaire et Rochefort. Ces postes entendirent l'appel et munis de cadres mo-

biles purent repérer la direction de l' « *Afrique* ». Tracées sur la carte, les trois lignes se coupaient en un point A, position de l' « *Afrique* » (Fig. 31). L'un des côtiers put alors passer aux paquebots leurs positions relatives ce qui permit au « *Ceylan* » de rejoindre l' « *Afrique* » à trois heures de l'après-midi. Malheureusement l'état de la mer ne permit pas l'abordage et le « *Ceylan* » dut se contenter de suivre l' « *Afrique* » dans l'attente d'une accalmie.

L' « *Afrique* » n'avait plus de feux à bord, la nuit était épaisse et ce ne fut que grâce aux repérages incessants de Lorient, Saint-Nazaire et Rochefort que les deux paquebots purent se suivre sans se heurter. Ces stations signalèrent à l' « *Afrique* » qu'il allait droit sur le plateau de Rochebonne où la profondeur est insuffisante pour un bateau de gros tonnage.

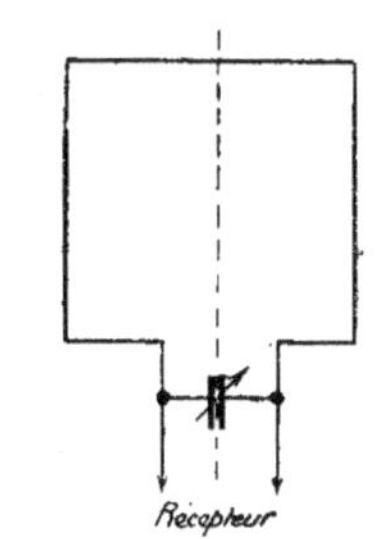

FIG. 30. — Pour vibrer au maximum, un cadre doit être mis en résonance, c'est-à-dire accordé sur l'onde à recevoir.

La catastrophe se produisit, l' « *Afrique* » talonna et alla s'engloutir, à 3 heures du matin, entre l'île de Ré et les Sables. Le « *Ceylan* », obligé de contourner Rochebonne, ne put recueillir que quelques survivants. Sans la T. S. F. on n'aurait jamais su ce qu'était devenu l' « *Afrique* »,

comme cela s'est vu en 1908 pour le « *Général Chanzy* ».

Une autre application intéressante de la radiogoniométrie est l'entrée

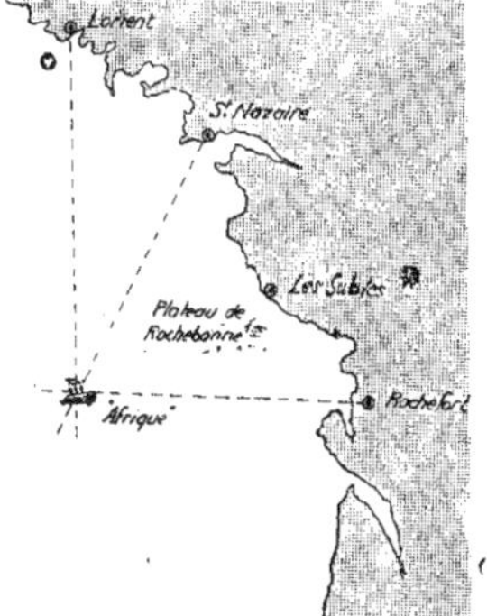

FIG. 31. — Exemple de repérage d'un navire par la radiogoniométrie La catastrophe de l'*Afrique*, le 12 janvier 1920.

des navires dans un port par un temps de brouillard, lorsque les phares lumineux sont invisibles. Voici un court exposé du procédé.

Deux stations A et B font des émissions continues; le bateau C, muni d'un radiogoniomètre, détermine les directions CA et CB qu'il trace sur sa carte (Fig. 32). Il en déduit sa position. Avec des relèvements bien exécutés, un bateau peut entrer dans un port d'abords dangereux, aussi sûrement que par nuit claire à l'aide des phares.

Je n'insiste plus sur les applications de la radiogoniométrie qui n'ont été mises ici que pour mieux fixer les idées sur l'orientation du cadre et je passe à ce qui intéresse l'amateur : la réception sur cadre.

Construction d'un cadre.

Outre sa mobilité autour d'un axe vertical, un cadre pour recueillir le plus possible d'énergie doit être de grande surface et avoir beaucoup de

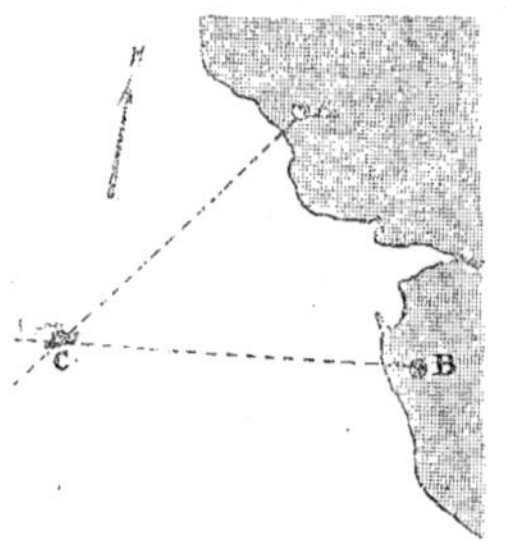

FIG. 32. — La radiogoniométrie permet aux navires d'entrer dans les ports même par temps de brume.

spires. Malheureusement on est limité pour satisfaire à ces deux conditions par l'encombrement d'une part et par la longueur d'onde d'autre part. La self d'une bobine croît en effet avec ses dimensions et la longueur croît avec la self. Donc pour maintenir constante la longueur d'onde d'un cadre il faut diminuer le nombre de ses spires au fur et à mesure de l'augmentation de ses dimensions.

La forme à donner à un cadre de réception n'a pas grande importance. Il peut être circulaire, carré, rectangulaire ou polygonal; le bobinage peut être en cylindre ou en spirale. Sa rotation peut s'effectuer autour d'un diamètre dans le cas des cadres circulaires ou polygonaux, soit autour d'une diagonale ou d'un axe de symétrie dans le cas des cadres carrés ou rectangulaires, soit beaucoup plus simplement pour ces derniers autour d'un des côtés.

A titre d'exemple, je ne décrirai qu'un seul type de cadre destiné à permettre la réception des concerts sur petites et grandes ondes.

C'est un cadre carré de 1 m. 50 de côté, formé de baguettes de sapin de

5 cm. de largeur, 3 cm. d'épaisseur et 1 m. 47 de longueur. Elles sont vissées sur des coins en sapin de 15 cm. de côté et de 2 cm. 5 d'épaisseur. Bien remarquer sur la figure 33 l'agencement des baguettes qui permet de donner au cadre la forme carrée avec des baguettes de même longueur. Des lattes de 5 cm. de largeur, 1 cm. 5 d'épaisseur, emboîtées et vissées en leur milieu, placées en diagonales empêchent toute déformation et servent à l'enroulement .

20 petites poulies en os (celles qui servent à fixer au plafond le fil torsadé) sont vissées sur trois des diagonales à 1 cm. les unes des autres, la première étant elle-même à 1 cm. en-

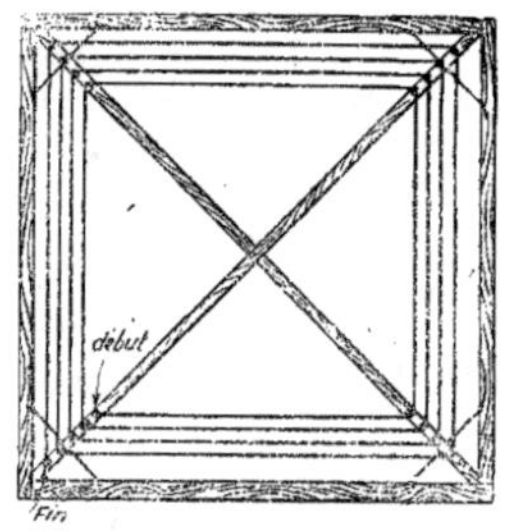

FIG. 33. — Cadre de 1 m. 50 de côté. Enroulement spiral.

viron des baguettes du cadre. Sur la quatrième diagonale on fixe 21 poulies.

Le bobinage se fait en fil de cuivre nu de 4 à 6/10. On fixe le fil sur les poulies successives comme l'indique la figure. On a soin de tendre fortement le fil à chaque poulie. On arrête le fil sur la diagonale de départ. Pour la réception des différentes longueurs d'onde il faut prendre plus ou moins de spires. Par une torsade on fixe alors un fil aux 4ᵉ et 12ᵉ tours.

Sur une planchette d'ébonite de

2 cm. de largeur, 20 cm. de longueur et 5 millimètres d'épaisseur, on implante 4 douilles de lampes (décrites plus loin) qui serviront à relier le

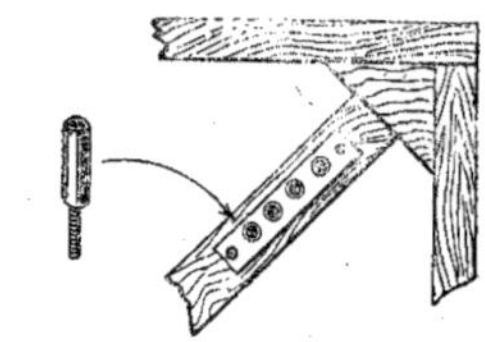

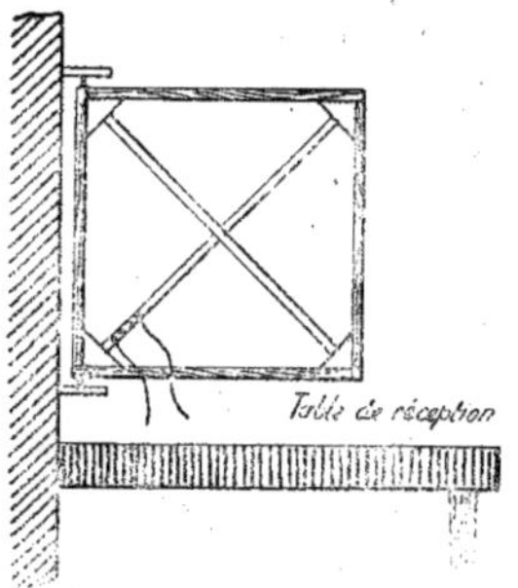

FIG. 34. — Un moyen simple d'établir les connexions du cadre avec le récepteur.

cadre aux appareils de réception par des fils souples. Pour cela, la première douille est reliée au début de l'enroulement, la seconde au 4ᵉ tour, la troisième au 12ᵉ et la quatrième à la fin de l'enroulement (Fig. 34).

Reste maintenant à faire tourner le cadre autour d'un axe vertical.

Le plus simple est de faire pivoter le cadre de 180° autour de l'un de ses côtés. Pour cela au milieu d'un mur de trois mètres de longueur, on plante deux pattes sur une ligne verticale à 1 m. 50 l'une de l'autre; deux vis permettent au cadre de tourner librement entre ces pattes. Avoir soin de fixer le cadre de façon que les quatre douilles se trouvent au bas et près du mur.

Le cadre que je viens se décrire est destiné à fonctionner avec les amplificateurs à quatre lampes. Avec des amplificateurs à six ou huit lampes on peut utiliser des cadres de plus petites dimensions, par exemple de 50 à 60 centimètres de diamètres ou de côté.

Cadre à nombre de spires fixe.

Pour faire varier la longueur d'onde, on peut se dispenser d'effectuer des prises sur les spires en utilisant l'artifice suivant :

J'ai dit qu'une self-induction se comporte vis-à-vis d'un courant alternatif comme une résistance : donc deux selfs en série ajoutent leurs valeurs et deux selfs en parallèle équivalent à une self de valeur plus petite que la plus petite des deux.

Fermé sur un condensateur variable, le cadre, de dimensions invariables, se comporte comme un circuit oscillant que l'on peut accorder dans l'intervalle de deux longueurs d'onde, par exemple de 800 à 1.200 mètres.

Mettons une self L entre l'une des bornes du cadre et la borne correspondante du condensateur; c'est ce que l'on appelle mettre la self L en série avec le cadre. Dans ces conditions, nous accroissons la self du circuit oscillant et par suite sa longueur d'onde qui, selon la valeur de la self, pourra monter jusqu'à 3.000 mètres et au-delà (Fig. 35).

Au contraire, branchons une self entre les bornes du cadre ou du condensateur. Cette self, ainsi montée en parallèle, a pour effet de diminuer la longueur d'onde du circuit que le jeu du condensateur permettra d'utiliser de 300 à 800 mètres par exemple (Fig. 35 b).

Il est donc possible avec un cadre à nombre de spires fixe et une self que l'on place successivement en parallèle, hors circuit ou en série, de recevoir toute onde dont la longueur

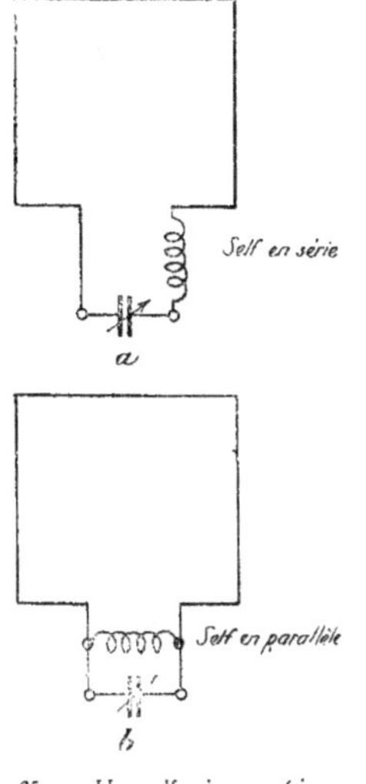

Fig. 35. — Une self mise en série sur le cadre en accroît la longueur d'onde. Une self mise en parallèle en diminue au contraire la longueur d'onde.

est comprise entre 300 et 3.000 mètres; l'étude des amplificateurs nous montrera que cette self auxiliaire est aussi très utile pour améliorer considérablement le rendement de la réception par le jeu de la réaction.

Pour l'instant nous construisons le bâti décrit et au lieu de 20 spires nous n'en mettrons que 5 en les écartant de 2 centimètres. Deux bornes seulement ou deux douilles de lampe seront fixées sur la planchette d'ébonite et reliées l'une au début, l'autre à la fin de l'enroulement .

La *T. S. F. pour tous*, la publication si claire et si vivante que tous les sans-filistes connaissent, a décrit, dans un de ses numéros un cadre que nous ne saurions passer sous silence tant il semble intéressant car il permet la réception de *toutes les longueurs d'ondes..*

Sa conception comporte, en outre, des données nouvelles. C'est ainsi que on a adopté pour le bobinage un fil relativement fin (8/10%), ce qui a permis de confectionner un cadre de dimensions réduites, ayant le même rendement pour toute la gamme de 240 à 2.550 mètres,où les bouts morts sont évités grâce à l'emploi d'un commutateur.

La construction du cadre est fort simple et pour peu qu'on y apporte un peu de soin on se trouvera en possession d'un collecteur d'ondes très élégant et d'un excellent rendement.

Confectionner dans du bois sec (chêne, noyer, acajou) les deux bras du croisillon, les entailler au milieu à mi-bois, ainsi que dans les bouts. Ces entailles se feront avec une scie à bois à denture plutôt fine, et un ciseau à bois. Les entailles des extrémités auront une largeur égale à l'épaisseur de l'ébonite employée. Nous avons utilisé l'ébonite de 5%.

On remarquera que les deux branches du croisillon sont exactement semblables.

Pour former les encoches où viendra se loger le fil, on commencera par percer à l'aide d'une mèche de 2% des petits trous dans les plaquettes d'ébonite. On veillera à leur symétrie afin d'obtenir un bobinage régulier. A l'aide d'une scie à métaux, ou d'une scie à bois on fera de petites fentes qui devront passer aussi exactement que possible par le centre des semblables. La largeur du trait de scie sera de 1%. Si elle était moindre, on éprouverait des difficultés pour le passage du fil. Dans le cas contraire les encoches formées par les petits trous disparaîtraient et le fil glisserait. Les plaquettes d'ébonite mesurent 115 × 40 %; elles sont fixées au croisillon au moyen de deux vis à bois ou mieux de 2 petits boulons en cuivre (tige de 3 %) qui traversent et le bois et l'ébonite. (Fig. 37.)

Le contacteur sera fixé à son emplacement par la pièce de passage, en serrant le cadran sous l'écrou. Toutefois, si le bois était trop épais par rapport à la longueur de la pièce de passage, on le fraiserait et l'écrou viendrait se loger à cet emplacement. Dans ce cas le cadran viendra par dessous l'écrou et sera maintenu au moyen d'un petit clou en cuivre.

Les bornes du contacteur doivent être placées à la partie inférieure. On remarquera à l'arrière du contacteur

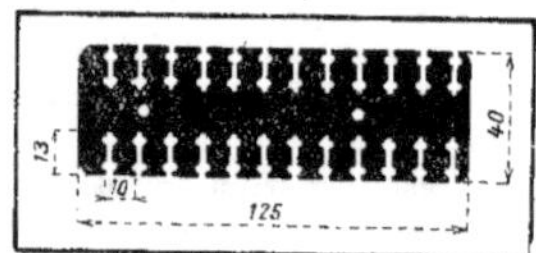

Fig. 37. — Plan de perçage des plaquettes d'ébonite.

en bout d'axe, un petit trait de repère qui doit être amené en regard de celui figurant sur l'écran; à ce moment le contacteur est dans la position G. O. Fixer le bouton de commande de façon que la vis de serrage soit dans la rainure de l'axe; l'index du bouton doit alors se trouver en face du repère G. O. S'il n'en était pas ainsi, faire tourner le cadran de façon que la coïncidence ait lieu.

Les quatre enroulements du cadre seront bobinés avec soin, en tendant légèrement le fil, et de façon aussi uniforme que possible; les quatre enroulements seront bobinés *dans le même sens*.

Fig. 36. — Vue du cadre toutes ondes

Chacun des quatre enroulements du cadre comportera douze spires. Il faut bien prendre soin pour que le fil soit bien tendu; faute de quoi on risque d'augmenter dans des proportions considérables la capacité répartie du bobinage.

Relier respectivement les entrées et les sorties de chaque enroulements aux bornes *numérotées* comme il est indiqué ci-dessous. (Fig. 39.)

1er enroulement : aux bornes 1 et 2.
2e enroulement : aux bornes 3 et 4.
3e enroulement : aux bornes 5 et 6.
4e enroulement : aux bornes 7 et 8.

Les fils reliant le cadre à l'appareil seront connectés aux bornes 1 et 8; pour plus de commodité ces bornes

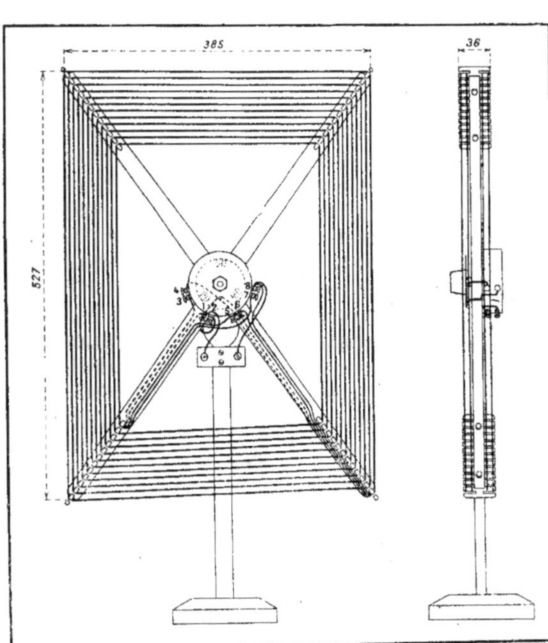

FIG. 38. — Vue de face et de profil du cadre.

vement en circuit les quatre enroulements et court-circuit ceux qui ne sont pas utilisés (fig. 41).

Les lames 1-1, 2-2, 3-3, à l'intérieur du rectangle sont celles du combinateur que la rotation de l'axe permet de court-circuiter soit simultanément, soit successivement. Aux bornes 1, 2, 3, 4, 5, 6, 7, 8 extérieures au rectangle aboutissent les extrémités des enroulements (fig. 39). Enfin les bornes A et B sont les bornes d'utilisation, c'est-à-dire celles qui relient le cadre au récepteur.

Les connexions de court-circuit qui mettent les enroulements en série peuvent s'effectuer soit sur le cadre en reliant directement les bornes 2-3, 4-5, 6-7, soit sur le commutateur

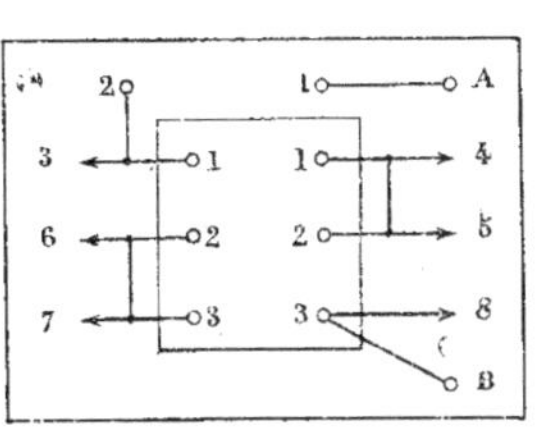

Fig. 41 — Schéma d'un commutateur à trois lames.

par la réunion des bornes 1-2 de droite, 2-3 de gauche. Simple affaire de commodité.

Les tiges ou les cames du combinateur doivent être placées de façon que dans les 4 positions du bouton de manœuvre on ait les combinaisons suivantes :

1re Position, court-circuit 1-1, 2-2, 3-3, petites ondes.

2e Position, court-circuit 2-2, 3-3, moyennes ondes.

3e Position, court-circuit 3-3, moyennes ondes.

4e Position, aucune lame ne court-circuite, grandes ondes.

I et 8 seront reliées à deux bornes fixées sur une petite plaquette d'ébo-

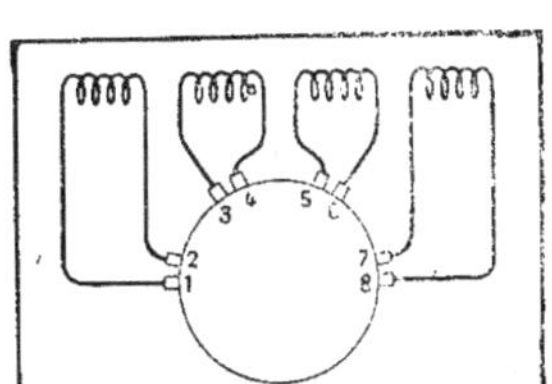

FIG. 39. — Plan des connexions des quatre enroulements du cadre (représentés schématiquement) avec les bornes du commutateur.

nite maintenue sur le montant central par deux vis à bois.

Comme commutateur on peut adopter le combinateur à lames (fig. 40)

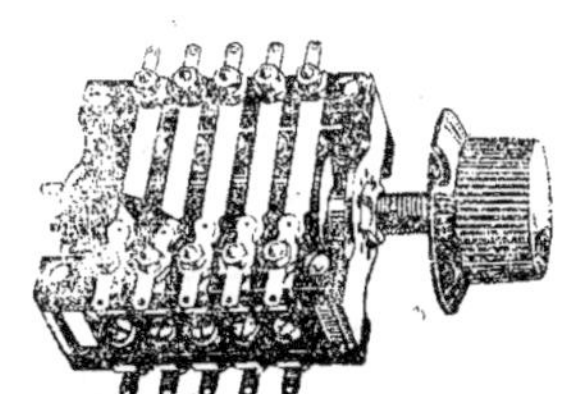

FIG. 40. — Combinateur à lames.

que des tiges ou des cames permettent de court-circuiter. Un commutateur à trois lames suffit pour mettre successi-

III. - LES CIRCUITS D'ACCORD

Une antenne ou un cadre, avons-nous vu, doivent être accordés sur l'onde à recevoir pour que la réception d'un émetteur donné soit possible d'abord, puissante ensuite. L'accord de l'antenne se fait généralement en y intercalant une self fixe de valeur appropriée à la longueur de l'onde à reecvoir et d'un condensateur variable que l'on met soit en série avec la self pour la réception des ondes courtes, soit au contraire en dérivation pour la réception des ondes longues.

Lorsqu'on ne désire entendre que la plus puissante des stations radiotéléphoniques voisines, ou bien celles dont les longueurs d'onde sont assez différentes ou qui ne transmettent pas aux mêmes heures, un poste récepteur à système d'accord très simple est généralement suffisant.

Deux qualités opposées.

Mais dès qu'on veut pouvoir séparer deux émissions simultanées et de longueurs d'ondes voisines, il n'en est plus de même, surtout si c'est la plus faible que l'on désire entendre, comme, par exemple, celle de Daventry dans la région parisienne, pendant que fonctionne Radio-Paris.

C'est que simplicité de réglage et « syntonie » sont deux qualités opposées.

La facilité de réglage.

A quoi est due, en effet, la facilité de réglage d'un système d'accord très simple, tel qu'il existe dans la plupart des récepteurs d'amateur ? A ce qu'au moyen d'*une seule* manœuvre, *on commence déjà à entendre un peu une émission que l'on cherche bien*

avant d'être arrivé au réglage exact qui y correspond. On est alors *guidé*, de loin, *sur le sens de la continuation* de la manœuvre à réaliser pour terminer l'opération : si l'on s'éloigne du bon réglage, l'intensité du son diminue, vous indiquant ainsi qu'il faut aller en sens inverse. Une augmentation du son vous montre, au contraire, que vous êtes dans la bonne voie et qu'il faut y persévérer jusqu'à l'obtention de l'intensité maximum.

C'est dire qu'on entend déjà l'émission désirée *alors qu'on se trouve encore sur un réglage qui serait celui d'une autre station*. Si donc on désire entendre précisément cette autre station, il n'est pas étonnant qu'on perçoive en même temps l'émission de la première.

La sélectivité.

Si, par contre, on dispose d'un système d'accord qui ne fasse entendre chaque station *que* pour un réglage très précis, le mélange n'aura pas lieu, mais la recherche sera moins facile.

S'il n'y avait, là encore, qu'une rotation d'un bouton, par exemple — on serait sûr de trouver le réglage en parcourant *toute* la course permise, du zéro au maximum, quitte à opérer très lentement, par démultiplication, au besoin, pour ne pas « passer à travers l'émission » sans s'en apercevoir, comme cela peut arriver dans le cas des ondes très courtes.

La combinaison du coffre-fort.

Mais, malheureusement, l'emploi de dispositifs permettant, par un réglage « étroit », d'éviter les mé-

langes d'émissions, comporte *plusieurs* manœuvres. Plusieurs organes doivent se trouver placés *simultanément* dans des positions déterminées pour obtenir la réception. Si *un seul* d'entre eux est mal placé, on n'entend rien, malgré que les autres soient en position normale. On se trouve comme devant la porte d'un coffre-for : si la « combinaison » n'est pas exactement réalisée *dans toutes ses parties*, la porte ne s'ouvre pas !

Le hasard et la méthode.

On se rend compte, dans ces conditions, qu'il soit assez difficile de tomber *par hasard* sur la bonne combinaison des réglages, si on la cherche à *tâtons*. Une recherche *méthodique* est absolument nécessaire.

Pour la réaliser, le mieux est de *comprendre* l'effet des diverses manœuvres de réglage. Mais pour cela, il faut en apprendre le « pourquoi » et le « comment », c'est-à-dire se donner quelque peine...

La solution commode, mais mauvaise.

Aussi la plupart des amateurs préfèrent-ils aux dispositifs d'accord sélectifs ceux de réglage facile. Un simple bouton à tourner pour passer par tous les réglages, c'est évidemment très commode, et si l'insuffisance du poste récepteur (combiné à l'ignorance de celui qui s'en sert) est cause d'une aimable salade d'émissions, il reste toujours la ressource facile d'accuser les stations d'émission de « se fourrer les unes dans les autres ». Cela s'imprime oscillant secondaire seront toujours connectés en parallèle. L'ancien appareil sera donc toujours placé sur la position « grandes ondes » au moyen du commutateur bipolaire ou du dispositif à trois bornes prévus à cet effet. Ce sera uniquement sur le sélecteur que se fera le changement de connexions d'« ondes longues » à « ondes courtes » et inversement.

L'antenne et la terre ayant quitté leurs places habituelles pour venir se brancher sur le sélecteur, seront remplacées, à leurs anciennes bornes, par deux fils, connectés d'autre part au nouvel appareil (fig. 44).

Construction du T.P.T.-Sélecteur.

La construction du P.T.T.-sélecteur est très simple et réaliser cet appareil ne sera qu'un jeu d'enfant.

Comme il est de règle, les organes seront montés sur un panneau d'ébonite. Nous lui avons donné les mesures suivantes : 173 × 173 $^m/_m$ et il sera de l'épaiseur la plus couramment employée : 5 $^m/_m$.

On pointe le centre des trous, opération très facile si l'on utilise notre plan de perçage, du côté poli de l'ébonite; on perce ceux-ci au moyen d'une chignole et de mèches américaines appropriées. Nous espérons que la plupart de nos lecteurs possèdent ce petit outil qui est indispensable tant chez les amateurs de T.S.F. que dans le plus petit ménage.

Les deux trous de 3 $^m/_m$ qui se trouvent le plus près des bords de la plaque et qui servent à fixer celle-ci sur une ébénisterie seront fraisés du côté poli de l'ébonite : si l'amateur ne posède pas la « fraise » utile pour cette opération, il utilisera simplement une mèche de 6 ou 5 $^m/_m$.

On se reportera à la photographie et au plan des connexions pour voir l'emplacement des différents organes

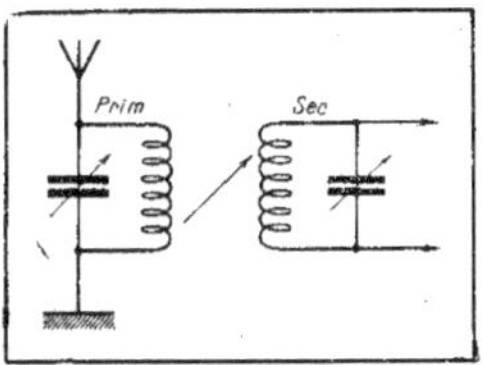

FIG. 42. — Forme habituelle du montage en Tesla. Le couplage entre les deux circuits oscillants est produit par l'intermédiaire d'un champ *magnétique* (bobines).

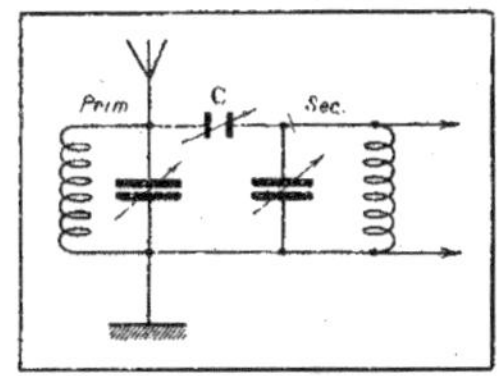

FIG. 43. — Montage en Tesla à couplage produit par l'intermédiaire d'un champ *électrique* (condensateur). — C, condensateur de couplage.

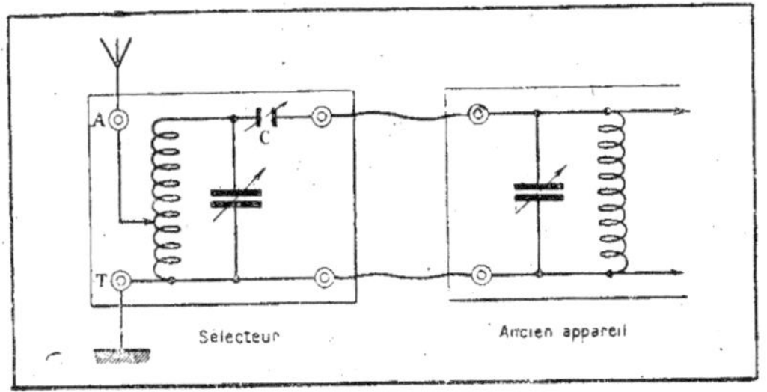

FIG. 44. — Schéma de principe du « T. P. T.-Sélecteur ». A gauche le sélecteur, constitué par un circuit oscillant réglable relié à l'antenne et à la terre et par un condensateur de couplage C. A droite l'ancien circuit oscillant d'antenne du poste récepteur à rendre sélectif. Les deux appareils sont réunis par deux connexions extérieures.

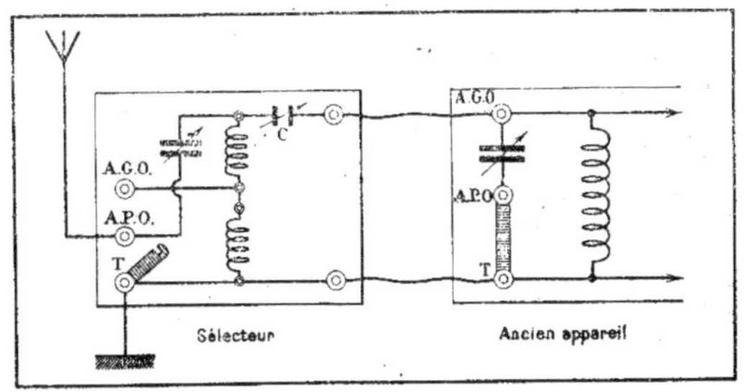

FIG. 45. — Schéma complet du « T. P.T.-Sélecteur ». Il est muni d'un dispositif à trois bornes pour le passage de « grandes ondes » à « petites »ondes » et du « T. P. T.-Couplage » qui fournit un moyen supplémentaire de sélectivité. Remarquer que bien qu'il s'agisse de recevoir des petites ondes, l'ancien appareil est en position « grandes ondes » : barrette en place et pas de connexion à la borne A.PO. Seul le sélecteur est en position « petites ondes » : barrette enlevée et antenne à la borne A.PO.

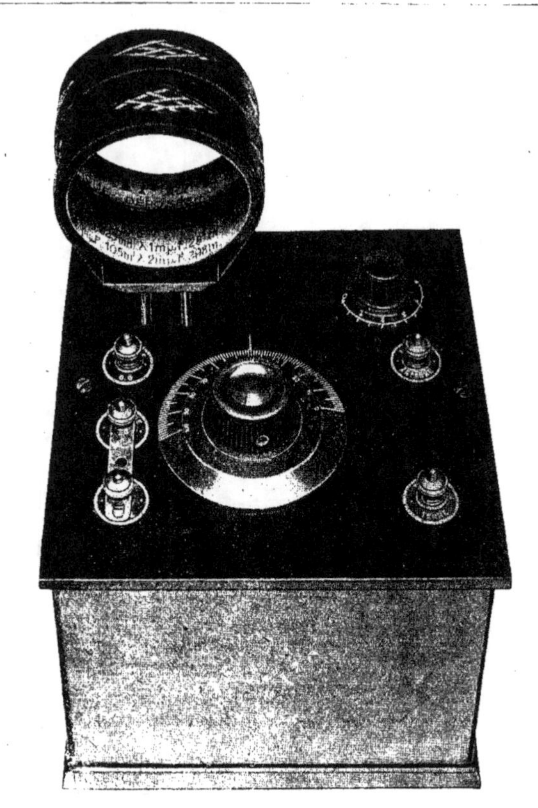

Le T.P.T.-Sélecteur vu de face.

Fig. 46. — En haut et à gauche, les deux bobines en nid d'abeilles constituant le dispositif de T.P.T.-Couplage. En haut et à droite, le condensateur de couplage du sélecteur. En bas, son condensateur d'accord. A gauche, les trois bornes « Antenne, Grandes Ondes », « Antenne, Petites Ondes» et « Terre », ces deux dernières réunies par une barrette. A droite, les deux bornes « Antenne » et « Terre » qui doivent être reliées aux bornes « Antenne, Grandes Ondes » et « Terre » de l'ancien appareil.

et on fixera ceux-ci sur le panneau d'ébonite, en commençant par les douilles supports de selfs, le petit condensateur de couplage, puis le condensateur d'accord.

Ces deux condensateurs se fixent par un seul écrou central qu'on serre suffisamment, mais sans exagérer. Un trop grand serrage de cet écrou aurait pour effet de « voiler » les flasques d'ébonite des condensateurs et ceux-ci seraient vite en « court-circuit », ce qui se produit dès que l'une des lames mobiles vient en contact, si léger soit·ce dernier, avec une des lames fixes.

Les connexions entre les différents organes seront établies avec du fil de 12 ou 13/13, carré de préférence, ce qui assure de meilleurs contacts. On respectera, autant que possible, la forme qu'ont les connexions sur le plan et la photographie et on serrera suffisamment les écrous.

Il ne reste plus qu'à fixer le tout sur l'ébénisterie qu'on se sera procurée ou qu'on construira soi-même.

Le condensateur de couplage.

Le condensateur de couplage est l'âme du T.P.T.-Sélecteur. Aussi doit-il être choisi avec soin. Il est essentiel qu'il soit de *très petite* capacité résiduelle (capacité à la graduation *zéro*) soit *extrêmement* faible.

On prendra, soit un condensateur réglable de direction, soit, de préférence, un condensateur « pour neutrodyne », à plaques d'un quart de cercle, au lieu d'un demi-cercle. Le modèle à deux plaques fixes et une plaque mobile pourra convenir, bien que sa capacité résiduelle soit encore un peu grande pour le but que nous nous proposons, à cause de la proximité du bord des plaques et de l'axe des plaques mobiles.

On obtiendra un condensateur beaucoup plus convenable en prenant un modèle à deux plaques mobiles et trois plaques fixes du même type et *en enlevant la moitié la plus centrale des plaques fixes*, pour éloigner davantage le bord de celes-ci de l'axe des plaques mobiles.

Cette opération se fera en démontant le condensateur (en prenant bien soin de repérer minutieusement la position des différentes pièces), en ser-

rant fortement ensemble les trois plaques entre deux planchettes (dans un
étau, si possible) et en l'mant *à la
fois*, avec une lime demi-ronde, les
plaques et les planchettes. Le condensateur sera ensuite remonté soigneusement.

Il vaudrait évidemment mieux trouver ces condensateurs tout prêts,
dans le comerce, mais nos constructeurs ne semblent pas avoir encore
compris que les condensateurs qu'ils
nous vendent «pour neutrodyne» ont
une capacité résiduelle beaucoup trop
forte pour, cet usage même.

Coment se servir du T.P.T.-Sélecteur.

L'ensemble du T.P.T.-Sélecteur
et du dispositif d'accord de l'appareil
de réception constituant un Tesla,
nous rapellerons seulement à ceux de
nos lecteurs qui conaissent déjà le
maniement d'un Tesla ordinaire que
la variation de couplage entre le primaire et le secondaire est ici obtenue
par variation de la capacité du condensateur de couplage, au lieu de
l'être, comme d'habitude, par modification de la position des bobines
l'une par rapport à l'autre.

Plus la capacité du condensateur
de couplage est grande, plus le couplage est serré; plus elle est petite,
plus le couplage est lâche.

A part ce détail, le maniement du
Tesla électrique constitué au moyen
du T.P.T.-Sélecteur est identiquement le même que celui du Tesla
magnétique ordinairement employé.

Il faut, pour la recherche d'un réglage encore inconnu, se mettre
d'abord, par couplage serré, dans des
conditions où la recherche d'une
émission est facile, mais avec mauvaise sélectivité.

Une fois trouvée, l'émission qu'on
cherchait, il faut améliorer la sélecti-

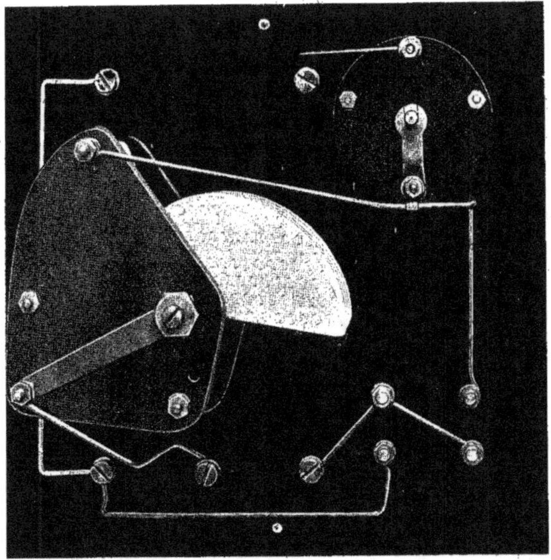

FIG. 47. — Les organes et les connexions intérieures du T.P.T.-Sélecteur (dessous du panneau d'ébonite). En haut et à gauche, le condensateur de couplage. En bas, le condensateur d'accord.

vité, et, pour cela, diminuer le couplage *par degrés successifs* (de façon à ne jamais « perdre » l'émission découverte) et en retouchant *chaque fois* le réglage des condensateurs
primaire et secondaire, pour retrouver l'intensité primitive, diminuée par
la manœuvre de découplage.

Si, avec le couplage minimum réalisable (capacité résiduelle du condensateur de couplage) la sélectivité
est encore insuffisante, recourir au
deuxième moyen de sélectivité : la
diminution du couplage de l'antenne
avec le circuit oscillant primaire,
telle qu'ele est expliquée en détail
dans l'article spécial sur le « P. T.
T.-Couplage ».

Pour ceux qui ne conaissent pas le Tesla.

Les explications données ci-dessus
peuvent paraître insuffisantes à ceux
de nos lecteurs qui n'ont jamais manié
de Tesla ou qui ne se rendent pas
bien compte du mécanisme de son
fonctionnement.

A leur intention, nous avons rédigé
les explications *ultra-détaillées* qui
vont suivre et qui ne sont que le dévelopement des indications plus sommaires qu'on vient de lire. En les
conduisant pour ainsi dire par la
main, elles vont permettre, même aux
amateurs les moins expérimentés,
d'exécuter « en décomposant »,

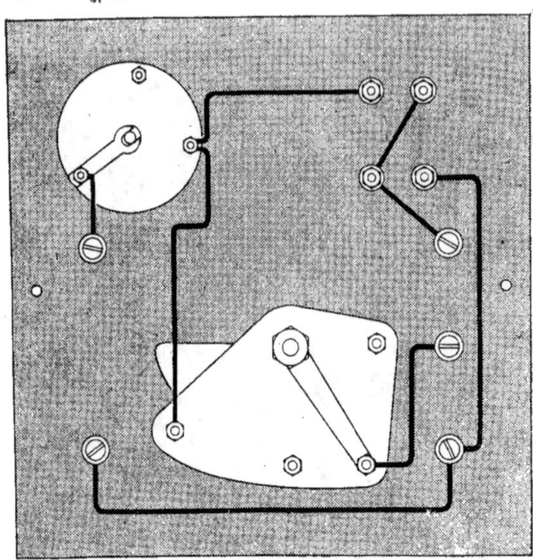

FIG. 48. — Schéma des organes et des connexions intérieures du T.P.T.-Sélecteur. En haut et à gauche, le condensateur de couplage. A droite, les douilles du dispositif de T.P.T.-Couplage. En bas le condensateur d'accord.

comme on dit à l'exercice militaire, les manœuvres successives nécessaires à la bonen utilisation d'un Tesla.

Un pareil « super-luxe » de détails pourra sans doute paraître superflu aux lecteurs plus avancés, mais ces explications élémentaires ne leur sont pas destinées et ils n'ont pas à les lire.

Aux autres, nous demandons seulement de ne pas prendre pour de la complication l'abondance des détails donnés. Ils ne sont que l'indice du souci que nous avons de les conduire sûrement au succès. Une description aussi détaillée des actes les plus simples de la vie courante paraîtrait, au premier abord, au moins aussi compliquée que celle-ci. Pour la rendre plus facilement assimilable, nous allons d'ailleurs la découper en divers chapitres.

Montage du T.P.T.-Sélecteur.

1° Placer le sélecteur à gauche de l'apareil de réception. Nous appellerons bord supérieur de son panneau d'ébonite, supposé placé verticalement, celui qui sera tourné vers le haut lorsque les trois bornes A.GO, A.PO et T seront à gauche de l'opérateur.

2° Mettre l'appareil de réception en position « grandes ondes » et l'y laisser, même pour la réception de petites ondes.

3° Enlever de l'appareil de réception les fils d'antenne et de terre et les transporter aux bornes correspondantes du sélecteur.

Pour la réception de grandes ondes, l'antenne sera placée à la borne A.GO du sélecteur (barrette laissée en place). Pour la réception des petites ondes, elle sera placée à la borne A.PO (barrette enlevée). La connexion de terre sera toujours laissée à la barre de terre, marquée T (I).

4° Relier la borne supérieure droite du sélecteur à la borne « Antenne » (ou A.GO) de l'appareil de réception, et sa borne inférieure driote à la borne « Terre » de ce même appareil (voir figure 45).

Choix des bobines à employer.

1° Court-circuiter les douilles porte-bobines les plus voisines du bord supérieur du paneau d'ébonite du sélecteur (au moyen d'un gros fil métallique courbé en U ou par deux broches communicantes montées sur métal, sur bois ou sur ébonite).

2° Mettre aux autres douilles du sélecteur la bobine qui était utilisée sur l'appareil de réception pour la station que l'on désire entendre, et la remplacer sur celui-ci par une bobine d'un, de deux ou de trois numéros plus élevés, selon que l'on a une petite, une moyenne ou une grande antenne, ou qu'il falait, avec cette bobine, peu ou beaucoup de capacité pour le réglage.

Manœuvres de réglage.

1° Mettre à zéro le condensateur d'accord du sélecteur (celui à grand bouton gradué) et au maximum son condensateur de couplage (celui à petit bouton).

2° Faire parcourir *lentement* toute sa course au condensateur secondaire

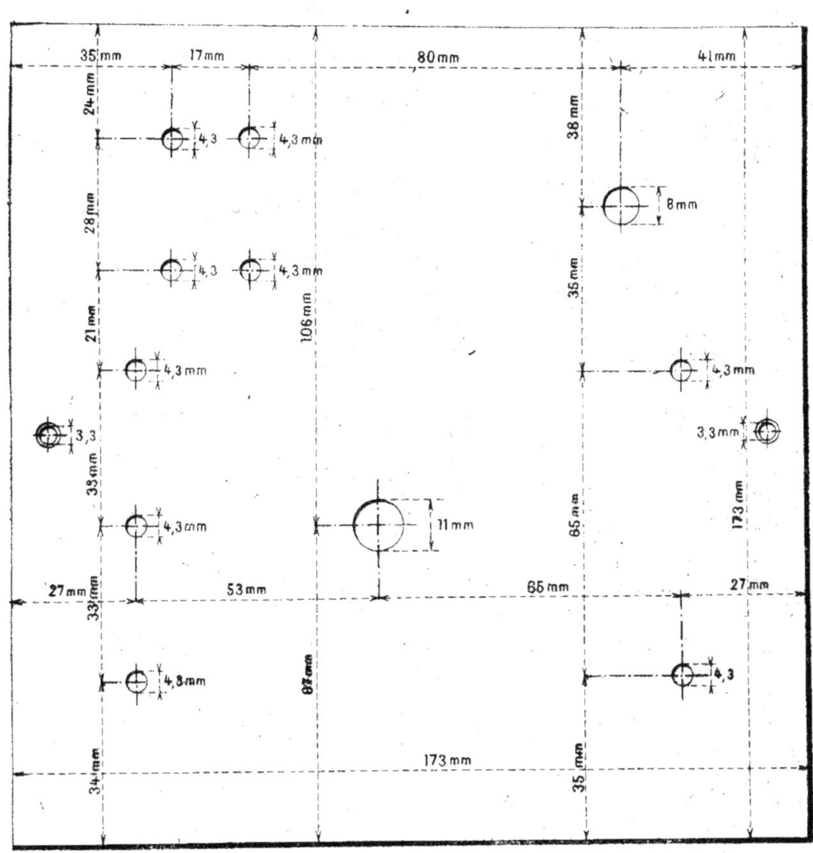

Fig. 49. — Plan de perçage du panneau d'ébonite du T.P.T.-Sélecteur (face supérieure).

(celui de l'appareil de réception). Le réglage de ce condensateur va être beaucoup plus précis qu'il ne l'était auparavant. Un vernier sera des plus utiles pour les grandes ondes et indispensable pour les petites.

Si l'émission cherchée n'est pas perçue...

1° *Mettre le condensateur d'accord* du sélecteur sur 10° et faire de nouveau parcourir *lentement* toute sa course au condensateur secondaire.

2° Si l'émission cherchée n'est pas encore perçue, recommencer la même manœuvre, après avoir mis le condensateur d'accord du sélecteur sur 20°, puis sur 30°, sur 40°, etc.

Une fois l'émission perçue...

1° *Laisser* le condensateur secondaire à sa position donnant la meilleure réception et chercher la meilleure position du condensateur d'accord du sélecteur. Cette position est moins précise qu'au secondaire ; un vernier n'est pas nécesaire.

Si le condensateur d'accord du sélecteur a la même capacité que celui de l'appareil de réception, on retrouvera sensiblement le réglage qu'on avait mis sur ce dernier pour la même réception.

2° *Revenir* au condensateur secondaire et retoucher son réglage.

Faire ainsi *alternativement* plusieurs retouches du réglage des deux condensateurs jusqu'à l'obtention du réglage aprfait, *qui ne peut être obtenu d'un seul coup.*

Si la sélectivité n'est pas jugée suffisante...

1° Diminuer la capacité du condensateur de couplage du sélecteur (en tournant son bouton vers la gauche). *Cela diminue rapidement l'intensité de la réception.* Ne s'arrêter que quand celle-ci est très affaiblie et sur le point de disparaître. Attention cependant à ne pas aller trop loin et à ne pas la perdre. Tout serait à recommencer !

2° Revenir au réglage du condensateur secondaire et faire remonter l'intensité de la réception en augmentant sa capacité (en tournant vers la droite).

Retoucher ainsi plusieurs fois *alternativement* les deux réglages, comme plus haut, jusqu'à réglage parfait.

Si la sélectivité n'est pas encore jugée suffisante...

Diminuer encore la capacité du condensateur de couplage du selecteur (toujours sans perdre l'émission er retoucher plusieurs fois *alternativement* les réglages du condensateur se-

condaire et du condensateur d'accord du sélecteur, comme aux paragraphes précédents.

Continuer ainsi, pour augmenter de plus en plus la sélectivité, jusqu'à ce que la capacité du condensateur de couplage soit réduite à son mimimum (graduation zéro).

Si la sélectivité n'est pas encore suffisante au zéro du condensateur de couplage...

1° Remplacer le court-circuit des douilles supérieures du sélecteur par une bobine de peu de spires et retrouver le réglage en diminuant la capacité du condensateur d'accord du sélecteur (tourner vers la gauche).

2° Mettre ainsi successivement aux douilles supérieures, des bobines à nombre de spires *de plus en plus élevé*, et retrouver chaque fois le réglage en *diminuant* la capacité du condensateur d'accord du sélecteur.

3° S'assurer chaque fois, également, du réglage du condensateur secondaire, qui doit, d'ailleurs, peu varier depuis que le condensateur de couplage est réduit à une très faible capacité.

4° Une fois atteintes, aux douilles supérieures, les bobines à nombre de spires assez grand, remplacer la bobine des douilles inférieures par des bobines de nombre de spires *de moins en moins grand*, en retrouvant chaque fois le réglage. par *augmentation*, maintenant, de la capacité du condensateur d'accord du sélecteur et en s'assurant toujours du réglage du condensateur secondaire.

Au cours de ces opérations, la sélectivité croît de plus en plus et l'intensité de la réception, longtemps constante, finit par diminuer. S'arrêter quand on juge suffisante la sélectivité obtenue.

Quelques observations.

1° Ne jamais chercher l'accord au

moyen d'un condensateur de couplage, qui ne doit servir qu'à sa fonction normale.

2° Au lieu de mettre, dans la manœuvre finale, des bobines à nombre de spires décroissant aux douilles inférieures, on peut également *alterner* les changements de bobines, c'est-à-dire mettre une bobine plus forte aux douilles supérieures, puis une moins forte aux douilles inférieure, puis de nouveau, une plus forte aux supérieures, etc., en modifiant chaque fois en sens convenable le réglage du condensateur d'accord du sélecteur.

3° Un découplage encore plus grand que celui du zéro du condensateur de couplage peut être obtenu en détachant le fil de la borne supérieure droite du sélecteur et en l'y accrochant seulement par une partie recouverte d'isolant, ou même en laissant ce fil libre au voisinage du condensateur de couplage.

4° Une fois les réglages trouvés *et notés*, on peut chercher si une meilleure réception ne serait pas obtenue avec des bobines de numéros supérieurs et des capacités moindres aux condensateurs du sélecteur et du circuit secondaire.

5° Il est bien évident que les manœuvres décrites pour la recherche d'une émission ne doivent être exécutées *que la première fois* qu'on fait cette recherche pour une émission donnée. Une fois les divers réglages trouvés et notés, il n'y a qu'à les reproduire exactement pour retrouver aussitôt la même émission.

Il va sans dire également qu'il est plus commode de rechercher pour *la première fois* le réglage de Daventry et de le pousser, à titre d'exercice, jusqu'aux couplages les plus faibles, à une heure ou Radio-Paris ne transmet pas en même temps que lui.

Résultats obtenus.

Au cours des essais de ce sélecteur, à quelques kilomètres de Paris, il nous a toujours été très facile d'éliminer *totalement* l'émission de Radio-Paris pour écouter celle de Daventry, et cela avec un appareil qui, sans le sélecteur, donnait un effroyable mélange des deux émissions.

Pendant les silences de Daventry, il était impossible de même soupçonner l'émission de Radio-Paris, en mettant l'oreille dans le pavillon du haut-parleur. C'était à croire qu'il ne transmettait pas, et nous dûmes souvent par un déréglage, nous assurer qu'il transmettait bien.

Un soir cependant (le samedi 29 mai, entre 22 heures et 22 h. 30, nous précisons), il ne nous fut pas possible de faire taire la voix sympathique de Radiolo sur le réglage de Daventry !

A quoi pouvait être due cette bizarre faillite du sélecteur ?

En passant très lentement du réglage de Radio-Paris à celui de Daventry, nous pûmes constater que l'émission de Radio-Paris s'éteignait graduellement et cessait d'être perceptible bien avant d'être arrivé au réglage de Daventry. Il y avait ensuite une petite zone de silence, puis l'émission britannique apparaissait progressivement, pour atteindre toute son intensité sur son réglage exact.

Mais.. c'était encore Radiolo qui parlait !

Daventry relayait Radio-Paris...

Le sélecteur nous avait donc montré, ce soir-là, qu'il serait capable de nous faire entendre sans mélange *une troisième station* dont le réglage aurait été intermédiaire à ceux de Radio-Paris et de Daventry, puisqu'entre ces deux stations il était possible de n'entendre ni l'une, ni l'autre.

Ce n'est point une faillite, mais un bon point pour sa sélectivité.

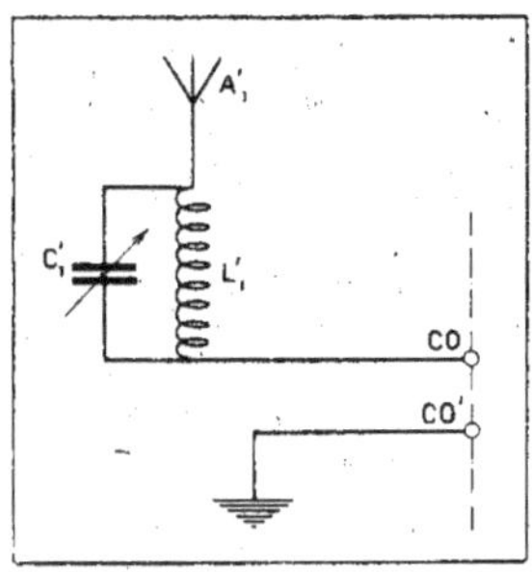

FIG. 50. — Schéma du circuit filtreur.

Un autre moyen pour augmenter la sélectivité : le circuit-filtreur.

Un circuit-filtreur (que les Anglais appellent *waves-trap* ou piège à ondes), se compose essentiellement d'un circuit oscillant, formé d'une bobine interchangeable ou fractionnée L'₁, et d'un condensateur variable C'₁ à air; la longueur d'onde propre de ce circuit est égale, le plus souvent, à la longueur d'onde de l'émission à éliminer (fig. 50).

Ce circuit-filtreur est alors couplé soit au circuit d'antenne, soit au circuit primaire ou secondaire d'accord.

L'appareil se compose en principe, d'un bobinage interchangeable L'₁ et d'un condensateur variable C' de 1/1000 de microfarad. Le circuit oscillant formé par ce bobinage et ce condensateur est intercalé directement dans le circuit d'antenne (fig. 50) ou couplé avec un autre petit bobinage L₂ intercalé dans le circuit d'antenne. Le circuit oscillant L'₁ C'₁ est accordé sur la longueur d'onde de l'émission à éliminer, et on choisira donc la bobine L'₁ en conséquence; on prendra, par exemple, une bobine de 45 à 50 tours pour éliminer l'émission des P. T. T., et une autre de 150 à 250 tours pour l'émission de Radio-Paris.

Quant à la bobine L₂ elle pourra être formée par un bobinage également interchangeable de 10 à 25 tours, ou par une dizaine de spires de fil de 8/10 de millimètre isolé au coton et enroulé directement autour du bobinage L'₁.

La construction d'une telle antenne exige seulement deux bambous de deux mètres environ. Il conviendra de mettre trois brins espacés de 0 m. 25. La nappe aura 0 m. 50 de largeur. Vingt centimètres suffiront pour fixer les bambous à la maison. L'antenne, ou plutôt le premier brin de l'antenne, sera ainsi à plus d'un mètre des murs